Manja Hussner

Die Übernahme internationalen Rechts in die russische und deutsche Rechtsordnung

Eine vergleichende Analyse zur Völkerrechtsfreundlichkeit der Verfassungen der Russländischen Föderation und der Bundesrepublik Deutschland

Mit einem Vorwort von Rainer Arnold

Manja Hussner

DIE ÜBERNAHME INTERNATIONALEN RECHTS IN DIE RUSSISCHE UND DEUTSCHE RECHTSORDNUNG

Eine vergleichende Analyse zur Völkerrechtsfreundlichkeit der Verfassungen der Russländischen Föderation und der Bundesrepublik Deutschland

Mit einem Vorwort von Rainer Arnold

ibidem-Verlag
Stuttgart

Bibliografische Information Der Deutschen Bibliothek

Die Deutsche Bibliothek verzeichnet diese Publikation in der Deutschen Nationalbibliografie; detaillierte bibliografische Daten sind im Internet über <http://dnb.ddb.de> abrufbar.

∞

Gedruckt auf alterungsbeständigem, säurefreien Papier
Printed on acid-free paper

ISSN: 1614-3515

ISBN: 3-89821-438-9

Printed in Germany

Inhaltsverzeichnis

Übernahme internationalen Rechts in der BRD und RF

Vorwort

Der Staat von heute steht weit mehr als früher im internationalen Kontext. Seine Aufgaben kann er in der Regel nur in internationaler Kooperation adäquat erfüllen. Seine Souveränität hat er zugunsten der Staatengemeinschaft immer mehr beschränkt. Das Völkerrecht ist wesentlicher Maßstab auch für weite Teile seiner inneren Angelegenheiten geworden. Deshalb erscheint es heute als eine zentrale Frage, wie ein Staat verfassungsrechtlich dem Völkerrecht gegenüber steht.

Aus diesem Grund ist es ein wichtiges Thema, das Frau Manja Hußner rechtsvergleichend - mit Blick auf die Russische Föderation und Deutschland - in ihrer Magisterarbeit behandelt. Von besonderer Bedeutung ist dabei, den Mechanismus der Übernahme von Völkerrecht in die interne Rechtsordnung und die verfassungsrechtliche Zuweisung des Rangs, den das Völkerrecht in der internen Rechtsordnung einnehmen soll, zu analysieren und zu bewerten. Die Betonung liegt dabei auf dem - in Deutschland noch wenig bekannten - Recht der Russischen Föderation, dessen Lösungen mit denjenigen des deutschen Rechts in Vergleich gesetzt werden.

Beide Rechtsordnungen besitzen effiziente Mechanismen der Übernahme von Vertragsrecht, Gewohnheitsrecht und Allgemeinen Rechtsgrundsätzen in das interne Recht. Dabei zeigen sich in diesem Kontext in der russischen Rechtsquellenlehre zum Teil Verständnisunterschiede gegenüber dem deutschen Recht. Im Bereich der Verträge ist in der russischen Auffassung eine deutliche Tendenz zugunsten der Vollzugslehre zu erkennen. Was den Rang des Völkerrechts in der internen Rechtsordnung betrifft, so ist die russische Verfassung völkerrechtsfreundlicher als das Grundgesetz, da sie auch den Verträgen einen Übergesetzesrang zuweist.

Die Untersuchung gibt klaren Aufschluss über diese und noch zahlreiche andere Fragen. Frau Manja Hussner liefert mit der vorliegenden Studie eine präzise Analyse, die über die fachliche Qualität hinaus die Überlegungen in ansprechender Form darstellt. Frau Hussner greift dabei sicher und kundig auf die russische Rechtsliteratur zurück. Daher ist diese Arbeit für das vergleichende Verständnis beider Rechtsordnungen ein wichtiger Beitrag.

Rainer Arnold
Lehrstuhl für Öffentliches Recht
Universität Regensburg

Abkürzungsverzeichnis

AEMR	Allgemeine Erklärung der Menschenrechte
AJIL	American Journal of International Law
AltK	Alternativkommentar
AöR	Archiv des öffentlichen Rechts
Art.	Artikel
BGBl	Bundesgesetzblatt
BGH	Bundesgerichtshof
BGHZ	Entscheidungen des Bundesgerichtshofes in Zivilsachen
Buchst.	Buchstabe
BVerfG	Bundesverfassungsgericht
BVerfGE	Bundesverfassungsgerichtsentscheidung
BVerwG	Bundesverwaltungsgericht
bzw.	beziehungsweise
CIS	Commonwealth of Independent States
DVBl	Deutsches Verwaltungsblatt

EJIL	European Journal of International Law
EMRK	Europäische Menschenrechtskonvention
EuGRZ	Europäische Grundrechte-Zeitschrift
gem.	gemäß
GG	Grundgesetz
GUS	Gemeinschaft Unabhängiger Staaten
m.w.N.	mit weiteren Nachweisen
NJW	Neue Juristische Wochenschrift
RF	Russländische Föderation
RGZ	Entscheidungen des Reichsgerichtes in Zivilsachen
russ.	russisch
SZRF	Sobranie Zakonodatelst'va Rossijskoj Federacii (russ.: Gesetzessammlung der Russländischen Föderation)
SU	Sowjetunion
VerfGRF	Verfassungsgericht der Russländischen Föderation
VerfRF	Verfassung der Russländischen Föderation
Vol.	Volume

	Übernahme internationalen Rechts in der BRD und RF
WVRK	Wiener Vertragsrechtskonvention
ZaöRV	Zeitschrift für ausländisches öffentliches Recht und Völkerrecht
z.B.	zum Beispiel

1 Einleitung – Klärung der Methode und Begriffsbestimmung

A. Thema und Ziel der Untersuchung

Die Übernahme internationalen Rechts in nationale Rechtsordnungen zu untersuchen heißt, sich mit der Offenheit von Rechtsordnungen auseinander zu setzen, mit der Offenheit dieser Rechtsordnungen für Einflüsse von außen. Diese Offenheit kann als zuverlässiger Gradmesser der Völkerrechtsfreundlichkeit dienen und erfährt in verschiedenen Rechtsordnungen unterschiedlich starke Ausprägungen.

Jede Rechtsordnung weist naturgemäß bezüglich der Inkorporationsproblematik ihre Eigenheiten auf. Der Kreis der diesbezüglich interessanten Rechtssysteme hat sich in den vergangenen Jahren wesentlich erweitert um die mittelost- und osteuropäischen Staaten. Deren Verfassungen stellen eine Art dritte Generation der europäischen Verfassungen dar. Sie nahmen den anthropozentrischen Grundansatz der westeuropäischen Verfassungen auf und festigen ihn.[1] Wie diese Staaten mit völkerrechtlichen Normbefehlen umgehen, welchen Status sie ihnen einräumen ist eben deshalb von besonderem Interesse. Kann dies doch den zukünftigen Ausgangspunkt zum Einen für eine Fortentwicklung des Verfassungsrechts in den mittel- und westeuropäischen Staaten und zum Anderen eine Fortentwicklung des Völkerrechts darstellen.

In Anbetracht der ständig voranschreitenden Interdependez zwischen den Staaten weltweit und insbesondere in Europa erscheint es als wichtig und

---

1 Arnold, Rainer: Das Prinzip der Kontrolle des Gesetzgebers in der Verfassungsgerichtsbarkeit Mittel- und Osteuropas als Ausdruck gemeineuropäischen Verfassungsrechts, in: Jahrbuch des Ostrechts, Bd. 43, 1/2002 (Sonderband: Justiz in Osteuropa), S. 17-29, S. 18.

notwendig zu untersuchen, wie sich zwei verschiedene europäische Rechtssysteme gegenüber internationalem Recht verhalten, inwieweit sie Gemeinsamkeiten und Unterschiede im Umgang mit Völkerrecht aufweisen. Unter diesem Aspekt sind zwei Rechtsordnungen grundsätzlich immer miteinander vergleichbar. Auch dann, wenn sie, wie die deutsche und die russländische Rechtsordnung, zwei verschiedenen Systemen entstammen. Gerade aus den in dieser Untersuchung vorrangig untersuchten jeweiligen Verfassungsnormen lassen sich die Grundprinzipien des Umgangs mit internationalem Recht ablesen.

Das russländische Recht unterscheidet sich zwar in Dynamik der Rechtsentwicklung, Rechtsverständnis und Rechtsdurchsetzung teils erheblich vom deutschen Recht. Doch gerade diese Unterschiede lassen eine Rechtsvergleichung auf der Ebene des Verfassungsrechtes reizvoll erscheinen, da die Verfassung das Herzstück, die Grundlage einer jeden Rechtsordnung darstellt und von ihr die entscheidenden Impulse für alle untergeordneten nationalen Rechtsnormen und Rechtsanwendungen ausgehen. Die Verfassung stellt somit zum Einen die Weichen für alle nachgeordneten nationalen Rechtsakte und deren Anwendung. Zum Anderen kann nur sie den völkerrechtlichen Normen ihren Platz im nationalen Normengefüge zuweisen.

Auch wenn sich die russländische Rechtsordnung in einigen Teilen noch als nicht gefestigt erweist, wie unten noch zu zeigen sein wird, erscheint das russländische Recht für eine Gegenüberstellung mit dem deutschen Recht geeignet, denn wesentliche Bereiche der Rechtswissenschaft haben in Russland traditionell deutschen Ursprung. So trifft dies neben dem Strafrecht und der Rechtsphilosophie vor allem auf das Staats- und Verfassungsrecht zu. Mit der Öffnung Russlands nach Westen und der Gründung der Akademie der Wissenschaften im Jahre 1724 durch Zar Peter den Großen[2] wurde eine Periode eingeleitet, während derer zahlreiche Geistes- und Naturwissenschaftler aus Europa nach Russland kamen um dort zu lehren und zu for-

2 Peter I.

schen.[3] Seither ist der europäische, insbesondere der deutsche, Einfluss in Russland enorm gewesen, was sich nicht zuletzt auch mit den zahlreichen deutschen Mitgliedern der Zarenfamilie erklären lässt.[4]
Diese intensive Ausrichtung nach Westen und insbesondere nach Deutschland fand im Verfassungsgebungsprozess in der Russländischen Föderation[5] ihre Fortsetzung: die Verfassungen Deutschlands und Spaniens[6] dienten als Vorbild für die jetzige, seit dem 12. 12. 1993 gültige Verfassung Russlands.[7] Außerdem kommt die Konzeption der Übernahme internationalen Rechts in die russländische Rechtsordnung zumindest in Teilen dem nahe, was auch in der deutschen Verfassung[8] niedergelegt ist.[9]
Die russländische Rechtsordnung befindet sich schon seit einigen Jahren in einem massiven Umbruchprozess, der noch nicht beendet ist. Russland war der erste GUS-Staat, der weitreichende Reformen bezüglich des Verhältnis-

---

3 Genannt seien hier nur der Mathematiker Euler, der Jurist Dilltey, die Historiker Miller und Schlözer und der Mediziner Blumentrost, der sowohl Leibarzt Peters I. als auch 1. Präsident der Akademie der Wissenschaften war.

4 Unter anderem wurden in Russland viele Universitäten nach dem Modell der protestantischen Universitäten in Deutschland gegründet.

5 Die Bezeichnung Russische Föderation ist im deutschen Raum geläufiger, stellt jedoch keine korrekte Übersetzung des Eigennamens der Föderation dar und spiegelt auch die Zusammensetzung dieses Vielvölkerstaates nicht wieder, denn es leben dort nicht nur das russische Volk, sondern noch eine Vielzahl weiterer Völker; daher wird hier die Bezeichnung Russländische Föderation verwendet, bei der es sich auch um die wörtliche Übersetzung des Staatsnamens handelt.

6 Die ihrerseits auf die deutsche Verfassung zurückgeht.

7 *Sergej Sergejevič Alekseev*, ehem. Richter im Komitee für Verfassungsaufsicht und Mitautor der jetzigen Verfassung der Russländischen Föderation, im persönlichen Gespräch mit der Verfasserin am 13. Juni 2000.

8 Hier wird Bezug genommen auf Art. 25 GG.

9 Lukašuk, I. I.: Das neue russische Gesetz über internationale Verträge und das Völkerrecht, in: Osteuropa Recht, 43. Jg., 2-3/1997, S. 182-190, S. 185; Lukašuk, I. I.: Primenenie norm meždunarodnogo prava v svete federal'nogo zakona o meždunarodnych dogovorach Rossii (russ.: Die Anwendung internationalen Rechts im Lichte des Bundesgesetzes über die internationalen Verträge Russlands), in: Rossijskij juridičeskij žurnal, 4/1996, S. 46-54, S. 49.

ses von nationalem und internationalem Recht unternahm.[10] Diese Entwicklung wurde begleitet von einer umfassenden Reform des Justizsystems in deren Verlauf eine für Russland neue Idee aufkam und sich durchsetzte: die Schaffung eines Verfassungsgerichtes.[11] Gerade im Bereich der Entwicklung der Verfassungsgerichtsbarkeit und bei der Bezugnahme auf Normen des internationalen Rechts durch die Obersten Gerichte und das Verfassungsgericht sind die entsprechenden Bemühungen vor dem Hintergrund zu sehen, dass Russland in der internationalen Rechtsgemeinschaft als Rechtsstaat anerkannt werden will.[12] Daher ist eine Untersuchung der von Russland angewandten Übernahmemechanismen und die Rangzuweisung, die internationales Recht in der Rechtsordnung Russlands erfährt, wichtig, um Erkenntnisse darüber zu erlangen, welchen Stellenwert die Russländische Föderation dem Völkerrecht zumindest formell beimisst.

Es gibt immer unterschiedliche Zugangswege zur Lösung eines Problems. Die Lösungen der deutschen und der russländischen Seite gegenüberzustellen, zu vergleichen und Erkenntnisse daraus zu ziehen bezüglich der Haltung der beiden Staaten zum Völkerrecht ist ein Ziel dieser Studie.

---

10 Danilenko, Gennady M.: Implementation of International Law in CIS States. Theory and Practice, in: EJIL, 10/1999, S. 51-69, S. 53f.

11 Ausführlich dazu die recht umfangreiche deutsche Literatur: Blankenagel, Alexander: Verfassungskontrolle in der UdSSR: Das kurze Leben und der schnelle Tod des Komitees für Verfassungsaufsicht, in: Der Staat, 1-4/1993, 32. Band, S. 448-468; Hartwig, Matthias: Das Komitee für Verfassungsaufsicht der UdSSR: Geschichte, Strukturen, Kompetenzen und erste Gutachten, in: EuGRZ, 1-2/1991, S. 1-14; Alekseev, Sergej Sergejevitsch: Probleme und Perspektiven eines Verfassungsgerichts in der UdSSR, in: Osteuropa-Recht, 37. Jg., 2-3/1991, S. 196-205; Schweisfurth, Theodor: Der Start der Verfassungsgerichtsbarkeit in Rußland, in: EuGRZ, 13-14/1992, S. 281-297; Hartwig, Matthias: Verfassungsgerichtsbarkeit in Rußland. Der dritte Anlauf, in: EuGRZ, 7-8/1996, S. 177-191.

12 Nußberger, Angelika: Die Bedeutung internationaler Normen in den Gutachten und Entscheidungen des sowjetischen Komitees für Verfassungsaufsicht und des russischen Verfassungsgerichts zum Arbeits- und Sozialrecht, in: Zeitschrift für ausländisches und internationales Arbeits- und Sozialrecht, 8. Jg., 1994, S. 36-48, S. 39.

Angesichts der zunehmenden staatlichen Interdependenzen wird die Rechtsvergleichung gerade in Europa immer stärkere Beachtung finden. Die ihr eigene Internationalität[13] lässt mit dem Kennenlernen fremder Rechtsordnungen nützliche Erkenntnisgewinne auch bezüglich der eigenen, nationalen Rechtsordnung zu. Es findet eine Relativierung der eigenen dogmatischen Denkweise statt und es kann ein Einblick in die Polymorphie der Rechtsinstitute gewonnen werden.[14] Gemeinsamkeiten und Unterschiede zwischen den Rechtsordnungen lassen sich stets feststellen. Die russländische Rechtsordnung ist zwar erst neu geschaffen worden und dieser Prozess dauert sogar noch an. Doch wie die noch junge Verfassung Russlands[15] sich dem internationalen Recht öffnete verdient besondere Beachtung, da dies der geschichtlichen Erfahrung Russlands nicht entspricht, sondern vielmehr als ein absoluter Wendepunkt betrachtet werden muss. Der Verfassung wird nunmehr eine völkerrechtsfreundliche Ausgestaltung bescheinigt, wie sie auch der deutschen Verfassung zugesprochen wird. Ziel dieser Untersuchung ist es daher ebenfalls, die völkerrechtliche Ausgestaltung der Verfassung detailliert nachzuweisen.

---

13 Zweigert, Konrad/Kötz, Hein: Einführung in die Rechtsvergleichung, 3. Aufl. – Tübingen: Mohr, 1996 , § 1 I.

14 Ebd.

15 Vom 12.12.1993; Rossijskaja gazeta, 25.12.1993; deutsche Übersetzung von Oertner in: EuGRZ, 21. Jg., 19-20/1994, S. 519-533.

B. Methodik und Gang der Untersuchung

Mit der Perestrojka[16] kam es in der Russländischen Föderation auch zu einem Wandel der Gesellschafts- und Wirtschaftsordnung. Die grundsätzlichen, vor allem ideologisch bedingten Unterschiede existieren heute nicht mehr. Die eigenständige Ostrechtswissenschaft, die sich entwickelte, weil das sowjetische Recht wegen seiner grundsätzlichen Andersartigkeit aus der Rechtsvergleichung ausgeschlossen bleiben musste, war gehalten, ihren besonderen methodischen Ansatz der Einbettung der Rechtsvergleichung in einen umfassenden Systemvergleich[17] aufzugeben.[18] Herausgebildet hat sich vielmehr ein neuer Ansatz, die Transformationsforschung, die den Übergang vom sozialistischen zum rechtsstaatlichen Modell untersucht.[19] Die rechtsvergleichende Analyse des russländischen Rechts erfordert zwar keinen grundlegend andersartigen Ansatz (mehr), aber doch ein differenziertes systematisches Herangehen, denn es treten eine Reihe von spezifischen Fragen und Problemen auf[20], die in der historischen Entwicklung ihre Ursache haben.

Mit der Verwendung von Originalquellen der zu vergleichenden Rechtsordnungen wird einem entsprechenden methodischen Erfordernis[21] Rechnung getragen.

Um die Fragestellung frei von Systembegriffen der deutschen Rechtsordnung zu halten habe ich bewusst Begriffe wie "Transformation" und "Adoption" so

---

16 Russ: Umbau, Umgestaltung.

17 Nußberger, Angelika: Die Frage nach dem tertium comparationis. Zu den Schwierigkeiten einer rechtsvergleichenden Analyse des russischen Rechts, in: Recht in Ost und West, 3/1998, S. 81-88, S. 82, m.w.N..

18 Zweigert/Kötz, Einführung in die Rechtsvergleichung, Vorwort, S. V.

19 Nußberger, Die Frage nach dem tertium comparationis, S. 82.

20 Ebd.

21 Brinktrine, Ralf: Verwaltungsermessen in Deutschland und England. Eine rechtsvergleichende Untersuchung von Entscheidungsspielräumen der Verwaltung im deutschen und englischen Verwaltungsrecht. Münsteraner Beiträge zum Öffentlichen Recht. – Heidelberg: Müller, 1998, S. 5.

weit als möglich zurückgestellt und statt dessen den Begriff "Übernahme" verwendet.
Der russländische Teil fällt wesentlich umfangreicher aus als der deutsche. Das ist kein Zufall, sondern der Intention geschuldet, gerade die russländische Rechtsordnung wegen ihres noch geringen Bekanntheitsgrades und den teils doch erheblichen Problemen bei der Materialbeschaffung in Deutschland ausführlicher vorzustellen und interessierten Lesern den Zugang zu erleichtern, indem vielfältige russländische Rechtsliteratur verarbeitet wurde.

Gegenstand dieser Studie sind die völkerrechtlichen Verträge, das Völkergewohnheitsrecht und die allgemeinen Rechtsgrundsätze, denn sie stellen die Hauptquellen[22], oder auch "klassischen Quellen"[23] des Völkerrechts dar. Die Verwaltungsabkommen, bindenden Beschlüsse zwischenstaatlicher Einrichtungen, einseitigen Rechtsgeschäfte und Beschlüsse internationaler Organisationen bleiben damit unberücksichtigt. Auch das von den EG gesetzte Recht soll, als "eigenständige" Rechtsordnung sui generis[24], nicht betrachtet werden.
Besonderes Augenmerk wird dem Rang dieser völkerrechtlichen Normen in der innerstaatlichen Normenhierarchie und ihrer Einordnung in das jeweilige

---

22 Geiger, Rudolf: Grundgesetz und Völkerrecht, 3. Aufl. – München: C.H. Beck, 2002, § 31 II 1.

23 Kunig, Philip: Völkerrecht und staatliches Recht, in: Vitzthum, Wolfgang, Hg.: Völkerrecht. Bearbeitet von Bothe, Michael/Hailbronner, Kay/Klein, Eckart/Kunig, Philip/Schröder, Meinhard/Vitzthum, Wolfgang. – Berlin, New York: de Gruyter, 1997, S. 101-179, Rn. 47.

24 Diese Einordnung ist umstritten. Die herrschende Meinung und mit ihr der EuGH befürwortet sie: Geiger, Rudolf/Khan, Daniel-Erasmus: Europarecht. Prüfe dein Wissen. – München: C.H. Beck, 1997, Fall 67 (S. 30); Schweitzer, Michael/Hummer, Waldemar: Europarecht. Das Recht der Europäischen Union – Das Recht der Europäischen Gemeinschaften (EGKS, EG, EAG). Mit Schwerpunkt EG, 5. Aufl. – Neuwied, Kriftel, Berlin: Luchterhand, 1996, Rn. 76 mit weiteren Nachweisen; Gegenmeinung: Streinz, Rudolf: Europarecht. 2. Aufl. – Heidelberg: Müller, 1995, Rn. 113 m.w.N..

föderale Gefüge gelten, da insbesondere dies ein Indikator für die Offenheit und damit für die Völkerrechtsfreundlichkeit einer Rechtsordnung ist.
Die Auslegung der allgemeinen Regeln des Völkerrechts und der völkerrechtlichen Verträge wird nicht behandelt, da das die Anwendung dieser Rechtsnormen im innerstaatlichen Bereich betrifft, nicht deren Übernahme oder Rang.

C. Begriffsbestimmung

Die in diesem Punkt behandelten Begriffe und Theorien spielen im weiteren Verlauf eine wesentliche Rolle und daher soll unter Berücksichtigung der zahlreichen einschlägigen Literatur im Folgenden eine kurze Bestimmung vorgenommen werden, um Klarheit über die verwendeten Begriffe zu schaffen.

I. Völkergewohnheitsrecht, allgemeine Rechtsgrundsätze und völkerrechtliche Verträge

1. Völkergewohnheitsrecht

Das Völkergewohnheitsrecht besteht aus ungeschriebenen Normen, die sich in den internationalen Beziehungen durch eine bestimmten Anforderungen genügende Interaktion der Völkerrechtssubjekte ("Staatenpraxis") herausgebildet haben.[25] Es müssen ein objektives und ein subjektives Element zusammentreffen: zum einen eine allgemeine ständige Übung der Staaten, die der fraglichen Regel entspricht und zum zweiten die damit einher gehende *opinio iuris vel necessitatis* der beteiligten Staaten.[26] Das lässt sich aus der

---

25 Kunig, Völkerrecht und staatliches Recht, Rn. 130.

26 Verdross, Alfred: Völkerrecht. 5. Aufl. – Wien: Springer, 1964, S. 137; Geiger, Rudolf: Zur Lehre vom Völkergewohnheitsrecht in der Rechtsprechung des Bundesverfassungsgerichtes, in: AöR, 1978, S. 382-407, S. 394; Schröder, Meinhard: Verantwortlichkeit, Völkerstrafrecht, Streitbeilegung und Sanktionen, in: Vitzthum, Wolfgang (Hrsg.), Völkerrecht, bearbeitet von Bothe, Michael / Hailbronner, Kay / Klein, Eckart / Kunig, Philip / Schröder, Meinhard / Vitzthum, Wolfgang. – Berlin, New York: de Gruyter, 1997, S. 525-580, Rn. 132; BVerfGE 66, S. 39, 64f; BVerfGE 68, S. 1, 83; Geck, Wilhelm Karl: Das Bundesverfassungsgericht und die allgemeinen Regeln des Völkerrechts, in: Christian Starck, Hg.: Bundesverfassungsgericht und Grundgesetz, Festgabe aus Anlaß des 25jährigen Bestehens des Bundesverfassungerichts, Zweiter Band: Verfassungauslegung. – Tübingen: Mohr, 1976,

Formel des Art. 38 I (b) des Statuts des Internationalen Gerichtshofes ableiten. Das Bundesverfassungsgericht definiert allgemeines Völkergewohnheitsrecht als "von der überwiegenden Mehrheit"[27] bzw. "von der weitaus größeren Zahl der Staaten im Bewußtsein rechtlicher Verpflichtung für längere Zeit geübte(n) Brauch"[28] und lehnte sich später[29] in der Formulierung deutlich an Art. 38 I (b) des Statuts des Internationalen Gerichtshofes an[30], in dem die wichtigste völkervertragliche Aufzählung der Regeln des Völkerrechts enthalten ist[31] und der auf das Statut des Ständigen Internationalen Gerichtshofes (StIGH) von 1920 zurückgeht.[32]

2. Allgemeine Rechtsgrundsätze

Die allgemeinen Rechtsgrundsätze leiten sich nicht aus dem Völkerrecht her, d.h. nicht aus den Rechtsbeziehungen zwischen den Staaten. Sie gehören (noch) nicht dem Völkergewohnheitsrecht an, sondern lassen sich aus verschiedenen staatlichen Rechtsordnungen ableiten: sie stellen Rechtssätze dar, die in den innerstaatlichen Rechtsordnungen entstanden sind. Allgemein sind sie dann, wenn sie in den verschiedenen Rechtsordnungen eine gewis-

---

S. 132, verweist darauf, dass diese Ansicht zwar in der Völkerrechtslehre dominiert, aber nicht unumstritten ist.

27 BVerfGE 15, S. 25, 35.

28 BVerfGE 16, S. 27, 34.

29 BVerfG NJW 1978, S. 485, 487 = BVerfGE 46, S. 342, 367.

30 Geiger, Zur Lehre vom Völkergewohnheitsrecht in der Rechtsprechung des Bundesverfassungsgerichtes, S. 393.

31 Geck, Das Bundesverfassungsgericht und die allgemeinen Regeln des Völkerrechts, S. 127, der dort auch auf den Grundsatz verweist, dass die Antwort auf die Frage, was Regeln des Völkerrechts sind, nur im Völkerrecht selbst zu suchen ist.

32 Geiger, Zur Lehre vom Völkergewohnheitsrecht in der Rechtsprechung des Bundesverfassungsgerichtes, S. 394; Weitere Nachweise, auch zu anderen Völkerrechtsregeln, wie z.B. verbindlichen Rechtsakten von internationalen Organisationen, bei Geck, Das Bundesverfassungsgericht und die allgemeinen Regeln des Völkerrechts, S. 127.

sen Gleichartigkeit aufweisen bezüglich Inhalt und Rechtsfolgen.[33] Weiterhin zählen nur die fundamentalen Regeln dazu, die für die jeweiligen Rechtsordnungen grundlegende Bedeutung haben.[34]

3. Völkerrechtliche Verträge

Unter völkerrechtlichen Verträgen sind alle Übereinkünfte zu verstehen, die zwischen zwei oder mehr Völkerrechtssubjekten geschlossen werden und durch die die zwischen ihnen bestehende Rechtslage verändert werden soll. Auch Übereinkünfte zur Änderung bestehender Verträge gehören dazu.[35] Auf die Bezeichnung oder den Regelungsgegenstand kommt es nicht an, sondern nur auf den Rechtsbindungswillen der Parteien.[36] International bedeutsame einseitige Rechtsgeschäfte gehören nicht dazu.[37]

---

33 Für viele: Doehring, Karl: Völkerrecht. Ein Lehrbuch. – Heidelberg: Müller, 1999, Rn. 408.

34 Doehring, Völkerrecht, Rn. 409.

35 BVerfGE 90, S. 286, 359.

36 Schröder, Meinhard, Verantwortlichkeit, Völkerstrafrecht, Streitbeilegung und Sanktionen, Rn. 116.

37 Schröder, Meinhard, Verantwortlichkeit, Völkerstrafrecht, Streitbeilegung und Sanktionen, Rn. 113; anders: Seidl-Hohenveldern, Ignaz/Stein, Torsten: Völkerrecht. 10. Aufl. – Köln, Berlin u.a.: Heymann, 2000, Rn. 173.

II. Transformation, Adoption und Vollzug

Der Vollständigkeit halber die wesentlichen Grundsätze vorausschickend soll hier kurz angerissen werden, welche unterschiedlichen Herangehensweisen sich bezüglich der Einbeziehung von internationalem Recht in das innerstaatliche Recht herausgebildet haben. Für vertiefende Ausführungen wird verwiesen auf die reichhaltige einschlägige Literatur zu diesem Thema.[38]

1. Adoptionstheorie

Die Adoption[39] wird vor allem von Staaten mit monistischer Tradition angewandt. Hiernach gilt Völkerrecht kraft einer allgemeinen staatlichen Norm ohne Abänderung auch im innerstaatlichen Bereich.[40] Die staatliche Norm stellt einen Anwendungsbefehl für völkerrechtliche Normen dar, der die völkerrechtliche Norm in den staatlichen Bereich einbezieht, ihr aber ihren Völkerrechtscharakter belässt.[41]

2. Vollzugslehre

Die Vollzugslehre stellt einen Unterfall der Adoption dar.[42] Auch hier behält die völkerrechtliche Regel ihren Völkerrechtscharakter und es tritt ebenfalls keine Verdoppelung der Rechtsregel im staatlichen Bereich ein, wie dies bei der Transformation der Fall ist. Jedoch wird durch einen innerstaatlichen Rechtsakt, der einen Anwendungsbefehl enthält, bewirkt, dass die völker-

---

38 Genannt seien hier nur: Doehring, Völkerrecht, Rn. 708ff; Geiger, Grundgesetz und Völkerrecht, § 29 II; Kunig, Völkerrecht und staatliches Recht, Rn. 37ff, die auf weitere Literatur verweisen.

39 Oder Inkorporation, Absorbtion, Rezeption.

40 Geiger, Grundgesetz und Völkerrecht, § 29 II 2.

41 Kunig, Völkerrecht und staatliches Recht, Rn. 39.

42 Geiger, Grundgesetz und Völkerrecht, § 29 II 3; anders Doehring, Völkerrecht, Rn. 708, der Vollzug und Adoption gleich setzt und damit die unterschiedlichen Rechtsquellen, die nach diesen beiden Theorien gegeben sind, ignoriert.

rechtliche Regel innerstaatlich vollzogen wird.[43] Der innerstaatliche Rechtsanwender muss also die in der staatlichen Norm enthaltene Geltungsanordnung beachten.

3. Transformationstheorie

Die Transformationstheorie, oder auch Transformationslehre, gründet auf der dualistischen Sichtweise.[44] Der staatliche Gesetzgeber erlässt innerstaatliches Recht, welches inhaltlich der völkerrechtlichen Norm entspricht. Die Geltungsgründe der Normen sind allerdings unterschiedlich[45]: die völkerrechtliche Norm beruht auf einer völkerrechtlichen Rechtsquelle und die gleichlautende innerstaatliche Norm auf staatlichem Recht.[46] Transformationsergebnis ist aber immer eine neu erschaffene Norm des nationalen Rechts.[47]

---

43 Doehring, Völkerrecht, Rn. 709; Geiger, Grundgesetz und Völkerrecht, § 29 II 3.

44 Kunig, Völkerrecht und staatliches Recht, Rn. 38; Geiger, Grundgesetz und Völkerrecht, § 29 II 1.

45 Geiger, ebd.

46 Ebd.

47 Doehring, Völkerrecht, Rn. 708; Kunig, Völkerrecht und staatliches Recht, Rn. 38.

2 Internationales Recht in der Rechtsordnung Deutschlands

A. Übernahme des internationalen Rechts

I. Art und Weise der Einbeziehung in die innerstaatliche Rechtsordnung

1. Völkergewohnheitsrecht und allgemeine Rechtsgrundsätze

Für die allgemeinen Rechtsgrundsätze gilt oft das gleiche wie für das Völkergewohnheitsrecht; eine besondere Bezugnahme auf sie ist daher nur erforderlich, wenn eine Rechtsordnung auf diese Rechtsquellenkategorie gesondert reagiert.[48] Da dies, wie zu zeigen sein wird, weder in der deutschen noch in der russländischen Rechtsordnung der Fall ist, können beide zusammen behandelt werden.

a) verfassungsrechtliche Vorgaben – die Vorschrift des Artikel 25 GG

Art. 25 GG knüpft an Art. 4 der Weimarer Reichsverfassung von 1919 an[49] und stellt eine Übernahmevorschrift dar.[50] Er aktualisiert sich dauernd und wirkt wie ein Scharnier: Art. 25 GG verweist auf das jeweils aktuelle Recht mit seinem jeweiligen Inhalt, so dass Entwicklungen bestehenden Rechts und die Herausbildung neuer Normen immer berücksichtigt werden müssen.[51]

---

48 Kunig, Völkerrecht und staatliches Recht, S. 126, Fn. 64

49 Wenig, Roland: Die gesetzeskräftige Feststellung einer allgemeinen Regel des Völkerrechts durch das Bundesverfassungsgericht. Schriften zum Öffentlichen Recht, Band 158. – Berlin: Duncker und Humblot, 1971, S. 19; Geiger, Grundgesetz und Völkerrecht, § 31 I.

50 Geiger, Grundgesetz und Völkerrecht, § 31 I.

51 Silagi, Michael: Die allgemeinen Regeln des Völkerrechts als Bezugsgegenstand in Art. 25 GG und Art. 26 EMRK, in: EuGRZ, 7. Jg., 22-23/1980, S. 632-653, S. 633; Kunig, Völkerrecht und staatliches Recht, Rn. 130 m.w.N.; Seidl-

Art. 25 GG ist nicht zu entnehmen, welcher Methode der Einwirkung von Völkerrecht in den innerstaatlichen Bereich der Vorzug gegeben werden soll.[52] Diese Frage nach der Methode ist nicht nur theoretisch von Bedeutung. Sie hat sich für die Auslegung und Anwendung der innerstaatlich geltenden allgemeinen Regeln oft als entscheidend erwiesen.[53]
Die überwiegende Mehrheit nimmt an, dass das BVerfG[54] früher zur Transformationsmethode tendierte und sich die Rechtsprechung diesbezüglich erst mit Beschluss vom 07. 04. 1965[55], in welchem sich das BVerfG der Vollzugsmethode zuwendete, geändert hat.[56] Jedoch ist schon der Entscheidung BVerfGE 6, S. 309ff zu entnehmen, dass sich das BVerfG der Vollzugslehre

---

Hohenveldern/Stein, Völkerrecht, Rn. 579; Rojahn, Ondolf: Kommentierung zu Art. 25 GG, in: Münch, Ingo von: Grundgesetz-Kommentar, Band 2 (Art. 21 bis Art. 69), 3. Aufl. – München: C.H. Beck, 1995, Art. 25, Rn. 4 mit Nachweisen zur Rechtsprechung.

52 Papadimitriu, Georgios: Die Stellung der allgemeinen Regeln des Völkerrechts im innerstaatlichen Recht. Eine rechtsdogmatische und rechtsvergleichende Untersuchung zur Stellung der allgemeinen Regeln des Völkerrechts im innerstaatlichen Recht unter Berücksichtigung der Rechtsordnungen Belgiens, der Bundesrepublik Deutschland und Griechenlands. Schriften zum Völkerrecht, Band 25. – Berlin: 1972, S. 63.

53 Papadimitriu, Die Stellung der allgemeinen Regeln des Völkerrechts im innerstaatlichen Recht, S. 69.

54 Warum vor allem die Entscheidungen des BVerfG herangezogen werden, um festzustellen, wie die Rechtsanwendungsorgane Art. 25 im Hinblick auf die Methode verstehen, ist nachzulesen bei: Papadimitriu, Die Stellung der allgemeinen Regeln des Völkerrechts im innerstaatlichen Recht, S. 63.

55 BVerfGE 18, S. 441ff.

56 Näher dazu bei: Papadimitriu, Die Stellung der allgemeinen Regeln des Völkerrechts im innerstaatlichen Recht, S. 65f; Stern, Klaus: Das Staatsrecht der Bundesrepublik Deutschland. Band I: Grundbegriffe und Grundlagen des Staatsrechts. Strukturprinzipien der Verfassung. 2. Aufl. – München: C.H. Beck, 1984, § 14 I 3; Zuleeg, Manfred: Kommentierung zu Art. 24 und 25 GG, in: Rudolf Wassermann, Hg.: Kommentar zum Grundgesetz für die Bundesrepublik Deutschland in zwei Bänden. Reihe Alternativkommentare, Band 1, Art. 1-37. 2. Aufl. – Neuwied, Frankfurt: Luchterhand, 1989, Art. 25, Rn. 14; Geck, Das Bundesverfassungsgericht und die allgemeinen Regeln des Völkerrechts, S. 140, dessen Wortwahl eine Missdeutung der Entscheidung BVerfGE 6, S. 309ff vermuten lässt.

zugewandt hat: "Die Regelung des Art. 25 bewirkt, dass die allgemeinen Regeln des Völkerrechts ohne ein Transformationsgesetz, also unmittelbar, Eingang in die deutsche Rechtsordnung finden ..."[57] Das ist eine eindeutige Aussprache für die Vollzugsmethode und gegen die Transformationsmethode[58] und würde auch der Ansicht des Parlamentarischen Rates entsprechen, mittels Art. 25 GG die allgemeinen Regeln des Völkerrechts ohne Transformation zum Bestandteil des innerstaatlichen Rechts zu machen.[59] Generell ist es in Deutschland jedoch umstritten, ob völkerrechtliche Normen in das deutsche innerstaatliche Recht transformiert werden oder ob sie mittels Adoption Eingang finden.[60] Der Wortlaut der einschlägigen Verfassungsvorschriften ist mit beiden Theorien vereinbar.[61]

Was unter dem Terminus "allgemeine Regeln des Völkerrechts" des Art. 25 GG zu verstehen ist, wird diskutiert. Er ist nicht deckungsgleich mit den Quellen des Völkerrechts. Für die Beantwortung dieser Frage ist das Völkerrecht maßgeblich, da es sich um die innerstaatliche Stellung von völkerrechtlichen Normen handelt[62], die als völkerrechtliche Normen in den innerstaatlichen Bereich Eingang finden.

---

57 BVerfGE 6, S. 309, 363.

58 So auch Steinberger, Helmut: § 173: Allgemeine Regeln des Völkerrechts, in: Isensee, Josef/Kirchhof, Paul, Hgg.: Handbuch des Staatsrechts, Band VII: Normativität und Schutz der Verfassung – Internationale Beziehungen. – Heidelberg: Müller, 1992, § 173, Rn. 42; Brockmeyer, Hans Bernhard: Kommentierung zu Art. 25, in: Schmidt-Bleibtreu, Bruno/Klein, Franz Hg.: Kommentar zum Grundgesetz, unter Mitarbeit von Brockmeyer, Hans Bernhard/Kannengießer, Christoph und Saunwald, Rüdiger. 9. Aufl. – Neuwied, Kriftel: Luchterhand, 1999, Art. 25, Rn. 1b; anders Papadimitriu, Die Stellung der allgemeinen Regeln des Völkerrechts im innerstaatlichen Recht, S. 65f, der das Bekenntnis des BVerfG gegen die Transformationslehre und für die Vollzugslehre erst mit BVerfGE 18, S. 441, 448 als gegeben ansieht.

59 Steinberger, § 173: Allgemeine Regeln des Völkerrechts, Rn. 42 mit den entsprechenden Nachweisen.

60 Seidl-Hohenveldern/Stein, Völkerrecht, Rn. 576.

61 Ebd.

62 Geck, Das Bundesverfassungsgericht und die allgemeinen Regeln des Völkerrechts, S. 127; Papadimitriu, Die Stellung der allgemeinen Regeln des Völkerrechts im innerstaatlichen Recht, S. 69.

b) Fallgruppen

aa) Völkerrechtliche Verträge

Völkerrechtliche Verträge[63] jedenfalls sollen nach ganz herrschender Meinung davon nicht umfasst sein[64], denn für sie ist mit Art. 59 II GG eine Spezialregelung gegeben.[65] Das gilt auch, wenn sich dem Vertrag alle oder doch die überwiegende Mehrzahl der Staaten angeschlossen haben[66], weil dadurch allein noch kein Völkergewohnheitsrecht entsteht: es sagt nichts aus über die Staatenpraxis.

Einen Sonderfall stellen völkerrechtliche Verträge dar, die Normen des allgemeinen Völkergewohnheitsrechts und der allgemeinen Rechtsgrundsätze wiedergeben, da sie sowohl der einen als auch der anderen Kategorie zugeordnet werden können. Soweit ein Vertrag jedoch eine gültige allgemeine Regel des Völkerrechts wiedergibt, entzieht er sie nicht dem Anwendungsbereich des Art. 25 GG, weil der materielle Inhalt des Vertrages als allgemeine Regel bereits "Bestandteil des Bundesrechtes" ist.[67] Die jeweils betreffenden Normen erlangen eine doppelte Rechtsnatur: sie sind gleichzeitig auch Bestandteil des Völkervertragsrechts.[68] Sowohl im völkerrechtlichen als auch im

63 Auf die völkerrechtlichen Verträge soll hier nur insoweit eingegangen werden, als sie allgemeine Regeln des Völkerrechts enthalten; im übrigen werden sie unten unter Punkt A I 2 behandelt.

64 Kunig, Völkerrecht und staatliches Recht, Rn. 132; Papadimitriu, Die Stellung der allgemeinen Regeln des Völkerrechts im innerstaatlichen Recht, S. 79 und S. 81; Geiger, Grundgesetz und Völkerrecht, § 31 II 1; Jarass, Hans D., Kommentar zu Art. 25 Grundgesetz, in: Jarass, Hans D./Pieroth, Bodo: Grundgesetz für die Bundesrepublik Deutschland. Kommentar, 5. Aufl. – München: C.H. Beck, 2000, Art. 25, Rn. 2.

65 Zuleeg, Kommentierung zu Art. 24 und 25 GG, Art. 24 Abs. 3/Art. 25, Rn. 14; Geiger, Grundgesetz und Völkerrecht, § 31 II 1; Papadimitriu, Die Stellung der allgemeinen Regeln des Völkerrechts im innerstaatlichen Recht, S. 80.

66 Papadimitriu, Die Stellung der allgemeinen Regeln des Völkerrechts im innerstaatlichen Recht, S. 81.

67 Kunig, Völkerrecht und staatliches Recht, Rn. 132.

68 Silagi, Die allgemeinen Regeln des Völkerrechts als Bezugsgegenstand in Art. 25 GG und Art. 26 EMRK, S. 644; Papadimitriu, Die Stellung der allgemeinen Regeln des Völkerrechts im innerstaatlichen Recht, S. 82f.

innerstaatlichen Bereich ist ihre gewohnheitsrechtliche Natur bzw. ihre Natur als allgemeiner Rechtsgrundsatz allerdings als maßgebend anzusehen.[69] Die vertragliche Festlegung bereits geltender allgemeiner Regeln kann diesen nicht ihre gewohnheitsrechtliche Natur oder die Natur eines allgemeinen Rechtsgrundsatzes nehmen. Sie entbehren innerstaatlich nicht den höheren Rang, den sie genießen.[70]
Völkerrechtsnormen, die ausschließlich vertraglichen Charakter tragen, also nicht auch Bestandteil des allgemeinen Völkergewohnheitsrechts sind, fallen nicht unter die allgemeinen Regeln des Völkerrechts, und damit auch nicht in den Anwendungsbereich des Art. 25 GG.[71] Gleiches muss dann auch gelten, wenn die vertraglichen Normen nicht auch Bestandteil der allgemeinen Rechtsgrundsätze sind.

bb) Völkergewohnheitsrecht

Völkergewohnheitsrecht gehört unbestrittenermassen zum Regelungsgegenstand des Art. 25 GG[72], soweit es nur eine "allgemeine Regel" darstellt.[73] Das Attribut "allgemein" bezieht sich nicht auf den Inhalt der in Frage stehenden Norm. Gemeint ist vielmehr eine Allgemeinheit bezüglich der Völkerrechtssubjekte, die sich durch die völkergewohnheitsrechtliche Norm gebunden

69 Papadimitriu, Die Stellung der allgemeinen Regeln des Völkerrechts im innerstaatlichen Recht, S. 83.

70 Seidl-Hohenveldern/Stein, Völkerrecht, Rn. 583; Papadimitriu, Die Stellung der allgemeinen Regeln des Völkerrechts im innerstaatlichen Recht, S. 83.

71 Papadimitriu, Die Stellung der allgemeinen Regeln des Völkerrechts im innerstaatlichen Recht, S. 81. Der Erlass des Vertragsgesetzes ergibt nur einen weiteren Geltungsgrund, neben dem Art. 25, und der Wirkung nach verschafft es ihr Gesetzesrang: Kunig, Völkerrecht und staatliches Recht, Rn. 132.

72 Geiger, Grundgesetz und Völkerrecht, § 31 II 1; Kunig, Völkerrecht und staatliches Recht, Rn. 135; Geck, Das Bundesverfassungsgericht und die allgemeinen Regeln des Völkerrechts, S. 130; Jarass, Hans D., Kommentar zu Art. 25 Grundgesetz, Rn. 2.

73 Papadimitriu, Die Stellung der allgemeinen Regeln des Völkerrechts im innerstaatlichen Recht, S. 70.

fühlen, also der persönliche Geltungsbereich einer Regel.[74] Diese Allgemeinheit muss sich auf eine möglichst große Zahl von Staaten beziehen.[75] Jedoch ist eine Verbindlichkeit für *alle* Staaten nicht gefordert und auch nicht nötig.[76] Eine überwiegende Mehrheit von Staaten, die sich an eine völkergewohnheitsrechtliche Norm gebunden fühlen, soll genügen.[77] Bei der Feststellung, was mit allgemeinem Völkergewohnheitsrecht gemeint ist, muss deswegen unterschieden werden zwischen partikulärem, regionalem[78] und universellem Völkergewohnheitsrecht. Nur letzteres wird als allgemein eingestuft.[79]
In diesem Zusammenhang wird auch die Frage gestellt, ob ein Staat die allgemeine Regel, die in seinen innerstaatlichen Bereich hineinwirken soll, auch selbst anerkannt haben muss, damit sie innerstaatlich Wirkung entfalten kann. Vom Bundesverfassungsgericht[80] und der weit überwiegenden Mei-

---

74 Geck, Das Bundesverfassungsgericht und die allgemeinen Regeln des Völkerrechts, S. 127; Geiger, Grundgesetz und Völkerrecht, § 31 II 2.

75 Papadimitriu, Die Stellung der allgemeinen Regeln des Völkerrechts im innerstaatlichen Recht, S. 70; jedoch wird das rein quantitative Verständnis des Wortes "allgemein" als mit Problemen und Fragen behaftet angesehen: es sollen bei der Feststellung einer allgemeinen Regel im Sinne des Art. 25 GG nicht lediglich die Staaten gezählt, sondern auch gewichtet werden: Geck, Das Bundesverfassungsgericht und die allgemeinen Regeln des Völkerrechts, S. 129.

76 BVerfGE 15, S. 34 (Gesandtschaftsgrundstücksfall): "Regeln ... sind dann allgemeine Regeln des Völkerrechts im Sinne von Art. 25 GG, wenn sie von der überwiegenden Mehrheit der Staaten ... anerkannt werden.", siehe auch BVerfGE 16, S. 33 (Heizungsreparaturfall).

77 BVerfGE 15, S. 34(Gesandtschaftsgrundstücksfall); BVerfGE 16, S. 33 (Heizungsreparaturfall); BVerwG, NJW 1989, S. 2557; BGHSt 35, S. 216, 218; Zuleeg, Kommentierung zu Art. 24 und 25 GG, Art. 24 Abs. 3/Art. 25, Rn. 15ff.

78 Das Problem der Regelung der innerstaatlichen Stellung dieser beiden Typen des Völkergewohnheitsrechts soll, weil es ihnen am allgemeinen Charakter fehlt, in dieser Arbeit nicht weiter erörtert werden. Zu detaillierten Ausführungen dazu siehe bei: Papadimitriu, Die Stellung der allgemeinen Regeln des Völkerrechts im innerstaatlichen Recht, S. 72ff.

79 Geck, Das Bundesverfassungsgericht und die allgemeinen Regeln des Völkerrechts, S. 127f; Papadimitriu, Die Stellung der allgemeinen Regeln des Völkerrechts im innerstaatlichen Recht, S. 70 und S. 73; anderer Ansicht: Seidl-Hohenveldern/Stein, Völkerrecht, Rn. 577.

80 Welches gem. Art. 100 II GG für die Auslegung des Art. 25 GG zuständig ist.

nung in der Literatur wird dies abgelehnt[81] mit der Begründung, dass Art. 25 GG im bewußten Gegensatz zu seiner Vorgängervorschrift Art. 4 WRV nicht mehr von allgemein anerkannten Regeln des Völkerrechts spricht, sondern von allgemeinen Regeln. Das Wort "anerkannten" entfiel im Grundgesetz, da der Eindruck vermieden werden sollte, dass sich Art. 25 GG nur auf die von der Bundesrepublik anerkannten Regeln beschränken solle.[82]
Wenn sich aber ein Staat bei der Annahme einer bereits existierenden Regel[83] oder bei Entstehung einer neuen Regel ausdrücklich widersetzt[84], dann kann seine Bindung an diese Regel ausgeschlossen sein.[85]

---

81 BVerfGE 15, S. 34: "Regeln diesen und ähnlichen technischen Inhalts sind dann allgemeine Regeln des Völkerrechts im Sinne des Art. 25 GG, wenn sie von der überwiegenden Mehrheit der Staaten – nicht notwendig von der Bundesrepublik Deutschland selbst – anerkannt werden."; siehe ferner auch BVerfGE 16, S. 33; Papadimitriu, Die Stellung der allgemeinen Regeln des Völkerrechts im innerstaatlichen Recht, S. 72; Geiger, Grundgesetz und Völkerrecht, § 31 II 2; Silagi, Die allgemeinen Regeln des Völkerrechts als Bezugsgegenstand in Art. 25 GG und Art. 26 EMRK, S. 640f, spricht von einer einhelligen Meinung diesbezüglich; Wenig, Die gesetzeskräftige Feststellung einer allgemeinen Regel des Völkerrechts durch das Bundesverfassungsgericht, S. 21; Geck, Das Bundesverfassungsgericht und die allgemeinen Regeln des Völkerrechts, S. 128, mit dem Hinweis, dass es in Betracht gezogen werden muss, dass es so zu einer Situation kommen kann, in der die Mehrheitsverhältnisse der heutigen Staatenwelt zu einer Politik führen können, die verfassungsrechtlich fundierten Wertvorstellungen der Bundesrepublik Deutschland oder verfassungsrechtlich legitimierten Zielen zuwider laufen können; Zuleeg, Kommentierung zu Art. 24 und 25 GG, Art. 24 Abs. 3/Art. 25, Rn. 16.

82 Seidl-Hohenveldern/Stein, Völkerrecht, Rn. 578; Wenig, Die gesetzeskräftige Feststellung einer allgemeinen Regel des Völkerrechts durch das Bundesverfassungsgericht, S. 19; Silagi, Die allgemeinen Regeln des Völkerrechts als Bezugsgegenstand in Art. 25 GG und Art. 26 EMRK, S. 640 m.w.N..

83 Wie das bei sich neu gründenden Staaten der Fall sein kann.

84 Beharrliche Rechtsverwahrung, siehe dazu bei Geiger, Grundgesetz und Völkerrecht, § 13 II 3.

85 BVerfGE 46, S. 342, 389; Geiger, Grundgesetz und Völkerrecht, § 31 II 2; Papadimitriu, Die Stellung der allgemeinen Regeln des Völkerrechts im innerstaatlichen Recht, S. 72; Silagi, Die allgemeinen Regeln des Völkerrechts als Bezugsgegenstand in Art. 25 GG und Art. 26 EMRK, S. 641; Ipsen, Knut: Völkerrecht. Ein Studienbuch, 4. Aufl. – München: C.H. Beck, 1999, § 16, Rn. 26; Steinberger, § 173:

Fraglich ist, ob der Satz *pacta sunt servanda* zu den allgemeinen Regeln des Völkerrechts im Sinne des Art. 25 GG gehören soll. Dies war lange umstritten.[86] Vom BVerfG wurde er in der Entscheidung BVerfGE 31, S. 145, 178 schließlich ausdrücklich als allgemeine Regel im Sinne des Art. 25 GG bezeichnet. Jedoch wies das BVerfG früher schon bezüglich der *Wirkung* dieses Satzes darauf hin, dass die völkerrechtlichen Verträge Deutschlands mittels diesen Satzes nicht auf die gleiche Ebene gehoben werden, die diesem Satz als allgemeiner Regel i.S. des Art. 25 GG zukommt.[87] Ein Rang für die völkerrechtlichen Verträge zwischen der Verfassung und den Gesetzen leitet sich daraus nicht her.[88]

cc) Allgemeine Rechtsgrundsätze

Ob die allgemeinen Rechtsgrundsätze zu den allgemeinen Regeln des Völkerrechts im Sinne des Art. 25 GG gehören, ist zwar umstritten[89], aber nach herrschender Meinung werden sie, spätestens seit der Entscheidung des

---

Allgemeine Regeln des Völkerrechts, Rn. 35; a. A. Geck, Das Bundesverfassungsgericht und die allgemeinen Regeln des Völkerrechts, S. 132.

86 Papadimitriu, Die Stellung der allgemeinen Regeln des Völkerrechts im innerstaatlichen Recht, S. 80f; Geck, Das Bundesverfassungsgericht und die allgemeinen Regeln des Völkerrechts, S. 135.

87 Zuleeg, Manfred: Die innerstaatliche Anwendbarkeit völkerrechtlicher Verträge am Beispiel des GATT und der Europäischen Sozialcharta, in: ZaöRV, 1975, S. 341-363, S. 347.

88 BVerfGE 6, S. 309, 363 (Konkordatsurteil); so auch Geck, Das Bundesverfassungsgericht und die allgemeinen Regeln des Völkerrechts, S. 135 mit weiteren Nachweisen.

89 Geck, Das Bundesverfassungsgericht und die allgemeinen Regeln des Völkerrechts, S. 130; Ablehnend: Jarass, Hans D., Kommentar zu Art. 25 Grundgesetz, Rn. 2; Schweitzer, Michael: Staatsrecht III. Staatsrecht, Völkerrecht, Europarecht. 5. Aufl. – Heidelberg: C. F. Müller Juristischer Verlag, 1995, Rn. 353; Papadimitriu, Die Stellung der allgemeinen Regeln des Völkerrechts im innerstaatlichen Recht, S. 75ff mit zahlreichen Nachweisen zu den Vertretern der zwei gegensätzlichen Meinungen.

Bundesverfassungsgerichtes vom 21. 05. 1987[90], von den allgemeinen Regeln des Völkerrechts mit umfasst.[91] Sie sind in vollem Umfang als Regeln des Völkerrechts und wie das völkerrechtliche Gewohnheitsrecht zu behandeln.[92]

dd) Zwischenergebnis

Was unter dem Terminus der "allgemeinen Regeln des Völkerrechts" zu verstehen ist, wird grundsätzlich durch das Völkerrecht bestimmt.[93] Es kann festgestellt werden, dass dieser Begriff folgendes einschließt: die Normen des (allgemeinen) Völkergewohnheitsrechts und die allgemeinen Rechtsgrundsätze. Völkerrechtliche Verträge fallen nur dann unter die allgemeinen Regeln des Völkerrechts, wenn sie Völkergewohnheitsrecht oder allgemeine Rechtsgrundsätze vertraglich fixieren. Allerdings kommt ihnen diesbezüglich nur deklaratorische Bedeutung zu.[94]

---

90 BVerfG NJW 1988, S. 1462, 1463; in früheren Entscheidungen sah das BVerfG die allgemeinen Rechtsgrundsätze wohl lediglich als mit Einschränkungen von Art. 25 GG erfasst an: BVerfGE 23, S. 317; BVerfGE 15, S. 34f; BVerfGE 16, S. 33.

91 Geiger, Grundgesetz und Völkerrecht, § 31 II 1, Doehring, Völkerrecht, Rn. 740; Seidl-Hohenveldern/Stein, Völkerrecht, Rn. 577; Schweitzer, Staatsrecht III, Rn. 354.

92 Doehring, Völkerrecht, Rn. 740.

93 Papadimitriu, Die Stellung der allgemeinen Regeln des Völkerrechts im innerstaatlichen Recht, S. 84.

94 Papadimitriu, Die Stellung der allgemeinen Regeln des Völkerrechts im innerstaatlichen Recht, S. 85.

c) Entscheidung zwischen Transformation und Adoption

In Art. 25 GG findet sich weder eine Festlegung bezüglich Transformation, noch bezüglich Adoption oder Vollzug.[95] Das Bundesverfassungsgericht hat sich bereits im Konkordatsurteil gegen die Transformation ausgesprochen[96], auch spätere Entscheidungen lassen die Schlussfolgerung zu, dass es zur Vollzugslehre neigt.[97] Schließlich hat es im Botschaftskontofall[98] der Adoptionstheorie den Vorzug gegeben.[99] In der Lehre ist dieses Problem umstritten. Teils wird die Transformation bevorzugt[100], teils die Adoption.[101]

Die allgemeinen Regeln des Völkerrechts sind gemäß Art. 25 Satz 1 GG "Bestandteil des Bundesrechtes". Bestandteil des Bundesrechts zu sein erfordert nicht zwangsläufig, dass eine Regel auch als nationales Recht in Erscheinung tritt. Sie kann ihre völkerrechtliche Natur beibehalten.[102] Zudem hat Art. 25 GG, wie oben schon festgestellt[103], die Funktion eines Scharniers, das die allgemeinen Regeln des Völkerrechts in ihrem jeweiligen Bestand übernimmt und dem Grundgesetz seine völkerrechtsfreundliche Tendenz[104] verleiht. Dies lässt es geboten erscheinen, bezüglich der Art und Weise der Ein-

95 Jarass, Hans D., Kommentar zu Art. 25 Grundgesetz, Rn. 1; Geck, Das Bundesverfassungsgericht und die allgemeinen Regeln des Völkerrechts, S. 140 mit Verweis auf die Ergebnisse der ersten Studienkommission der Deutschen Gesellschaft für Völkerrecht; Maunz, Theodor: Kommentierung zu Art. 25, in: Maunz, Theodor/Dürig, Günter: Grundgesetz. Kommentar. Band II: Art. 12a – 37. – München: C.H. Beck, Mai 1994, Art. 25, Rn. 12; Steinberger, § 173: Allgemeine Regeln des Völkerrechts, Rn. 13.

96 BVerfGE 6, S. 309, 363.

97 BVerfGE 18, S.441, 448; BVerfGE 27, S. 253, 274.

98 BVerfGE 46, S. 342, 403f.

99 Geiger, Grundgesetz und Völkerrecht, § 31 III 1.

100 Hesse, Konrad: Grundzüge des Verfassungsrechts der Bundesrepublik Deutschland. 20. Aufl. – Heidelberg: Müller, 1995, S. 103; Maunz, Kommentierung zu Art. 25, Rn. 12.

101 Zuleeg, Kommentierung zu Art. 24 und 25 GG, Art. 24 Abs. 3/Art. 25, Rn. 13; Geiger, Grundgesetz und Völkerrecht, § 31 III 1; Steinberger, § 173: Allgemeine Regeln des Völkerrechts, Rn. 13.

102 Geiger, Grundgesetz und Völkerrecht, § 31 III 1.

103 Siehe oben unter Gliederungspunkt 2. Teil A I 1 a).

104 Stern, Das Staatsrecht der Bundesrepublik Deutschland. Band I, § 14 I 1.

beziehung des internationalen Rechts gemäß Art. 25 GG der Adoptionslehre vor der Transformationslehre den Vorzug zu geben.

2. Völkerrechtliche Verträge

a) Verfassungsrechtliche Vorgaben

Völkerrechtliche Verträge sind Regelungsgegenstand des Grundgesetzes explizit in Artikel 59 II, sowie in den Artikeln 23, 24 und 32 GG. Doch für die innerstaatliche Geltung von völkerrechtlichen Verträgen, welche nicht auf Grund der Beteiligung an Integrationsgemeinschaften abgeschlossen werden oder sonst Hoheitsrechte übertragen, ist allein Art. 59 II GG maßgeblich.[105] Art. 59 II GG ist die im Grundgesetz vorgesehene Spezialregelung für die Einbeziehung von völkerrechtlichen Verträgen. Er geht dem Art. 25 GG unbestritten als *lex specialis* vor[106] und entscheidet über die Voraussetzungen der innerstaatlichen Geltung völkerrechtlicher Verträge – nicht über ihre Anwendbarkeit und nicht über ihren Rang in der deutschen Rechtsordnung.[107]

Das deutsche Grundgesetz belässt den Bundesländern eine partikulare Vertragsschlussfähigkeit, Art. 32 GG.[108] Gegenstand der Betrachtung sind hier aber ausschließlich die völkerrechtlichen Verträge des Bundes, für deren Abschluss die Bundeskompetenz in Art. 59 II selbst vorausgesetzt wird.[109] (Nicht untersucht werden soll die Kompetenzverteilung bezüglich internationaler Verträge zwischen Bund und Ländern, die in Art. 32 GG geregelt ist, sondern vielmehr die Verteilung des den Bundesorganen zustehenden Anteils an der Auswärtigen Gewalt gem. Art. 59 II GG.) Auch die Regelung bezüglich der Verwaltungsabkommen in Art. 59 II 2 GG wird außer Betracht gelassen. Da-

105 Kunig, Völkerrecht und staatliches Recht, Rn. 57.

106 Geiger, Grundgesetz und Völkerrecht, § 31 II 1.

107 Kunig, Völkerrecht und staatliches Recht, Rn. 58.

108 Kunig, Völkerrecht und staatliches Recht, Rn. 62.

109 Rojahn, Ondolf: Kommentierung zu Art. 59 GG, in: Münch, Ingo von: Grundgesetz-Kommentar, Band 2 (Art. 21 bis Art. 69), 3. Aufl. – München: C.H. Beck, 1995, Art. 59, Rn. 18.

mit liegt das Augenmerk dieser Untersuchung auf den politischen und gesetzesinhaltlichen Verträgen, die in Art. 59 II 1 GG behandelt werden.

b) Beteiligung des Parlaments

Art. 59 II 1 GG bestimmt, dass Verträge der Bundesrepublik Deutschland, welche die politischen Beziehungen des Bundes regeln oder sich auf Gegenstände der Bundesgesetzgebung beziehen, der Zustimmung oder der Mitwirkung der jeweils für die Bundesgesetzgebung zuständigen Körperschaften in Form eines Bundesgesetzes bedürfen. Damit ist auch gleich klargestellt, dass nicht alle völkerrechtlichen Verträge Deutschlands von Art. 59 II 1 erfasst werden. Das Erfordernis der parlamentarischen Zustimmung oder Mitwirkung in der Form eines Bundesgesetzes ist auf bestimmte Arten von Verträgen beschränkt.[110] Einen generellen Anwendungsbefehl, der für alle Verträge gleichermaßen gilt, enthält das Grundgesetz nicht.[111]

Mit der notwendigen Beteiligung des Parlaments beim Abschluss dieser Verträge wird sowohl verhindert, dass völkerrechtliche Verträge innerstaatlich mangels Gesetzesbeschluss nicht vollzogen werden können als auch, dass verfassungsrechtliche Kompetenzen des Gesetzgebers von der Bundesregierung mittels eines völkerrechtlichen Vertrages übergangen werden.[112]

c) Von der Beteiligung des Parlaments erfasste Verträge

Art. 59 II 1 GG schreibt vor, dass Verträge, welche die politischen Beziehungen des Bundes regeln oder sich auf Gegenstände der Bundesgesetzgebung beziehen, der Zustimmung oder der Mitwirkung der jeweils für die Bundesgesetzgebung zuständigen Körperschaften in der Form eines Bundesgesetzes

110 Ebd., Rn. 19.

111 Geiger, Grundgesetz und Völkerrecht, § 32 I.

112 Heidenstecker-Menke, Karin: Die Bestandsgarantie völkerrechtlicher Verträge im österreichischen und deutschen Recht. Eine rechtsvergleichende Untersuchung. Veröffentlichungen des Instituts für Internationales Recht an der Universität Kiel. – Berlin: Duncker und Humblot, 1987, S. 18.

bedürfen. Die beiden von Art. 59 II 1 GG erwähnten Vertragsarten schließen sich nicht gegenseitig aus.[113]

aa) Politischer Vertrag

Eine völkerrechtliche oder staatsrechtliche, fest umrissene Kategorie von politischen Verträgen gibt es nicht. Das Bundesverfassungsgericht hat den Begriff des politischen Vertrages jedoch schon ausführlich erläutert. Entscheidend ist demnach das Gewicht, das der Vertrag für die Bundesrepublik Deutschland hat; auf das Gewicht für den jeweiligen Vertragspartner Deutschlands kommt es nicht an.[114] Verträge von ausreichender Gewichtigkeit sind gegeben, wenn mit der Regelung die "Existenz des Staates, seine territoriale Integrität, seine Unabhängigkeit, seine Stellung oder sein maßgebliches Gewicht in der Staatengemeinschaft" berührt werden.[115] Wenn sich ein Vertrag allgemein mit "öffentlichen Angelegenheiten, dem Gemeinwohl oder den Staatsgeschäften"[116] befasst, ist das Kriterium des Politischen noch nicht erfüllt.[117]

Des weiteren muss der Vertrag nach dem Wortlaut des Art. 59 II 1 GG die politischen Beziehungen auch *regeln*, das heißt, eine bloß zufällige oder lediglich in Kauf genommene (außen-) politische Wirkung reicht nicht aus für eine Einstufung als politischer Vertrag im Sinne des Art. 59 II 1 GG.[118] Politische Verträge im Sinne des Art. 59 II 1 GG sind unter anderem Friedensverträge, Nichtangriffspakte, militärische Bündnisse und Verträge über wesentliche Änderungen des Staatsgebietes.[119] Die so genannten "Ostverträge"[120]

---

113 Rojahn, Kommentierung zu Art. 59 GG, Art. 59, Rn. 23.

114 Rojahn, Kommentierung zu Art. 59 GG, Art. 59, Rn. 22.

115 BVerfGE 1, S. 372, 381; BVerfGE 90, S. 286, 359.

116 BVerfGE 1, S. 372, 381.

117 BVerfGE 1, S. 372, 381; Rojahn, Kommentierung zu Art. 59 GG, Art. 59, Rn. 22.

118 Rojahn, ebd.

119 BVerfGE 1, S. 372, 381; Rojahn, ebd.; abgelehnt wurde der politische Charakter von Verträgen in den folgenden Fällen: BVerfGE 1, S. 351 (Petersberger Abkommen), BVerfGE 1, S. 372 (deutsch-französisches Wirtschaftsabkommen), BVerfGE 2, S. 347 (Kehler Hafen-Abkommen).

gehören ebenso dazu[121] wie der so genannte Grundlagen-Vertrag zwischen der Bundesrepublik Deutschland und der Deutschen Demokratischen Republik[122] und der Zwei-Plus-Vier-Vertrag.[123]
Sie müssen also ein spezifisch außenpolitisches Gewicht besitzen.[124] Verträge, die vor allem den wirtschaftlichen und sozialen Bereich betreffen[125], zählen nicht dazu, wenngleich sie aber in bestimmten Situationen ein politisches Gewicht bekommen können[126], das eine Einordnung unter die politischen Verträge rechtfertigt. Hier sind die Umstände des Einzelfalles entscheidend.[127]

bb) Vertrag, der sich auf Gegenstände der Bundesgesetzgebung bezieht

Die Betonung liegt hier auf Gesetzgebung im Gegensatz zu Verwaltung. Es soll also abgegrenzt werden zwischen Bundes*gesetzgebung* und Bundes*verwaltung*, nicht zwischen Bundesgesetzgebung und Landesgesetzgebung.[128] Die Abgrenzung der Gesetzgebungszuständigkeiten in den Art. 70 ff GG kommt daher hier nicht zum tragen. Es ist allein entscheidend, "ob im konkreten Fall ein Vollzugsakt unter Mitwirkung der gesetzgebenden Körper-

120 Vertrag von Moskau vom 12. 08. 1970 (BGBl. 1972 II, S. 353ff) und Vertrag von Warschau vom 07. 12. 1970 (BGBl. 1972 II, S. 361ff)

121 BVerfGE 40, S. 141, 164.

122 Vom 21. 12. 1972, BGBl. 1973 II, S. 421; siehe in BVerfGE 36, S. 1, 20

123 Vom 12. 09. 1990, BGBl. 1990 II, S. 1317; siehe bei: Blumenwitz, Dieter: Staatennachfolge und die Einigung Deutschlands, Teil 1 – Völkerrechtliche Verträge. – Berlin: Mann, 1992, S. 60ff; Rauschnig, Dietrich: Deutschlands aktuelle Verfassungslage, in: DVBl, 105. Jg., 8/1990, S. 393-404, S. 393ff und Rauschnig, Dietrich: Die Beendigung der Nachkriegszeit mit dem Vertrag über die abschließende Regelung in Bezug auf Deutschland, in: DVBl, 105. Jg., 23/1990, S. 1275-1285, S. 1275; Klein, Eckart: An der Schwelle zur Wiedervereinigung Deutschlands, in: NJW, 44. Jg., 17/1990, S. 1065-1073, S. 1065ff.

124 Rojahn, Kommentierung zu Art. 59 GG, Art. 59, Rn. 22.

125 Wie zum Beispiel Handelsverträge und Freundschaftverträge.

126 BVerfGE 1, S. 372, 383: die "an sich unpolitischen 'Markt'-Beziehungen können jedoch zu politischen 'Markt'-Beziehungen werden".

127 Rojahn, Kommentierung zu Art. 59 GG, Art. 59, Rn. 22.

128 Rojahn, Kommentierung zu Art. 59 GG, Art. 59, Rn. 23.

schaften erforderlich ist".[129] Daraus folgt, dass der Inhalt eines Vertrages immer dann Gegenstand der Bundesgesetzgebung ist, "wenn der Bund durch den Vertrag Verpflichtungen übernimmt, deren Erfüllung allein durch Erlass eines Bundesgesetzes möglich ist".[130] Damit soll verhindert werden, dass die Bundesregierung Verträge abschließt, die sie ohne die Mitwirkung der gesetzgebenden Körperschaften nicht erfüllen könnte, deren Einhaltung sie somit gar nicht garantieren könnte.[131] Verträge, die zu ihrer innerstaatlichen Durchführung eines Gesetzgebungsaktes bedürfen, erfordern demnach die Zustimmung des Parlaments.

Das vom BVerfG in der Entscheidung BVerfGE 1, S. 372 ff erweiterte Verständnis der von Art. 59 II 1 GG umfassten Verträge wird von der Lehre nicht mit getragen. Verträge, deren Vollziehung nicht ein Gesetz, wohl aber eine Rechtsverordnung erfordert, die der Zustimmung von Bundesrat oder Bundestag bedarf, sind durch das BVerfG in den Kreis der von Art. 59 II 1 2.Alt. GG umfassten Verträge aufgenommen worden[132]. Dies hat zur Folge, dass für diese Verträge auch eine Zustimmung oder Mitwirkung in Gesetzesform notwendig sein soll. Dies widerspricht aber der Ansicht, dass Bundesgesetzgebung im Gegensatz zu Bundesverwaltung zu sehen ist, da die Zustimmung des Bundesrates zu Rechtsverordnungen nach Art. 80 II GG Mitwirkung an der Verwaltung ist.[133] Verträge, deren Vollzug durch eine Rechtsverordnung mit Zustimmung des Bundesrates erfolgen kann, werden daher den normativen Verwaltungsabkommen zugeordnet.[134]

Die Frage nach dem "Gegenstand der Bundesgesetzgebung", der betroffen sein muss, beantwortet sich aus den allgemeinen verfassungsrechtlichen

129 BVerfGE 1, S. 372, 388.

130 BVerfGE 1, S. 372, 389.

131 BVerfGE 1, S. 372, 390.

132 Ebd.

133 Rojahn, Kommentierung zu Art. 59 GG, Art. 59, Rn. 24.

134 Bleckmann, Albert: Grundgesetz und Völkerrecht. Ein Studienbuch. – Berlin: Duncker und Humblot, 1975, S. 221; Rojahn, Kommentierung zu Art. 59 GG, Art. 59, Rn. 24 mit weiteren Nachweisen.

Grundsätzen zu Art. 20 III GG.[135] Daher gehören hierzu vor allem Verträge, die unmittelbar Rechte und Pflichten für die einzelne Person begründen, ändern oder aufheben (sog. self-executing treaties). Ferner gehören solche Verträge dazu, die auf Grund ihres Inhaltes innerstaatlich eine Änderung bestehender Gesetze erfordern.[136]

d) Entscheidung zwischen Transformation und Vollzug

Ob die Einbeziehung der völkervertraglichen Norm in den innerstaatlichen Bereich sich mittels Transformation oder Vollzug gestaltet, ist umstritten.[137] Der Wortlaut des Art. 59 II 1 GG lässt beide Möglichkeiten zu: das Vertragsgesetz kann als Mittel der Transformation oder als Vollzugsbefehl betrachtet werden.[138] Nachdem die ältere Rechtsprechung des BVerfG die Transformationslehre zu Grunde legte, spricht sie nunmehr von einem innerstaatlichen Rechtsanwendungsbefehl, der durch das nationale Zustimmungsgesetz erteilt wird.[139] Es scheint somit, dass sich das BVerfG der Vollzugslehre zuwandte.[140]

Doch die Entscheidung des BVerfG vom 14. 10. 2004 ist diesbezüglich teilweise missverständlich, ja sogar undeutlich, wenn sie zum Einen davon spricht, dass der betreffende internationale Vertrag in das deutsche Recht transformiert wird und zum Anderen einen entsprechenden Rechtsanwen-

135 Siehe dazu im Detail: Ossenbühl, Fritz: § 62: Vorrang und Vorbehalt des Gesetzes, in: Isensee, Josef/Kirchhof, Paul, Hgg.: Handbuch des Staatsrechts, Band III, Das Handeln des Staates. – Heidelberg: Müller, 1988, § 62, Rn. 32ff; Rojahn, Kommentierung zu Art. 59 GG, Art. 59, Rn. 25.

136 Rojahn, Kommentierung zu Art. 59 GG, Art. 59, Rn. 25 mit Verweisen auf vertiefende Literatur.

137 Geiger, Grundgesetz und Völkerrecht, § 32 II 2.

138 Rojahn, Kommentierung zu Art. 59 GG, Art. 59, Rn. 33.

139 BVerfGE 90, S. 286, 364 (Adria-, AWACS-, Somalia-Urteil); ebenso auch die Entscheidung vom 14. 10. 2004: BVerfG, 2BvR 1481/04 vom 14. 10.2004, Absatz 31: http://www.bverfg.de/entscheidungen/rs20041014_2bvr148104.html .

140 So auch Steinberger, Helmut: Entwicklungslinien in der deutschen Rechtsprechung des Bundesverfassungsgerichtes zu völkerrechtlichen Fragen, in: ZaöRV, 1988, S. 1-17, S. 1 und S. 4f; Geiger, Grundgesetz und Völkerrecht, § 32 II 2.

dungsbefehl als erteilt sieht. Der Wortlaut der Entscheidung lässt damit zunächst sowohl auf die Transformations- als auch auf die Vollzugslehre schließen. Wenn das BVerfG aber tatsächlich von einer Transformation im Sinne der Transformationstheorie ausginge, hätte es nicht nach der Feststellung, dass transformiert wurde, anschließend noch einen entsprechenden Rechtsanwendungsbefehl als erteilt angesehen. Es kann davon ausgegangen werden, dass es sich vorliegend um eine unglückliche Wortwahl handelt und die Vollzugstheorie gemeint ist.

II. Das Problem der unmittelbaren Anwendbarkeit der Normen

1. Beschränkung des Art. 25 GG auf die Übernahme unmittelbar anwendbarer Normen

Die allgemeinen Regeln des Völkerrechts erlangen über Art. 25 GG Geltung im Hoheitsgebiet Deutschlands und ihre unmittelbare Anwendbarkeit hängt vom jeweiligen Norminhalt ab.[141] Sie erzeugen für die Bürger unmittelbar geltende Rechte und Pflichten, sofern dies durch die völkerrechtliche Norm vorgesehen ist.[142] Die völkerrechtliche Norm muss dies auch vorsehen und bestimmt genug sein, wenn sie nicht am Bestimmtheitsgrundsatz scheitern soll.[143] Übernommen werden also alle allgemeinen Regeln des Völkerrechts in die innerstaatliche Rechtsordnung, ihre unmittelbare Anwendbarkeit ist allein dafür entscheidend, ob sie im konkreten Fall Rechte und Pflichten für die Bewohner des Bundesgebietes zu entfalten imstande sind, ob es sich also um so genannte self-executing treaties handelt oder nicht.

2. Beschränkung des Art. 59 II GG auf die Übernahme von Normen, die unmittelbar anwendbar (self-executing) sind

Die Geltung einer Norm eines völkerrechtlichen Vertrages im innerstaatlichen Bereich und die Anwendbarkeit dieser Norm durch die Rechtsanwendungsorgane (Exekutive und Judikative) müssen voneinander getrennt werden[144],

---

141 Rojahn, Kommentierung zu Art. 25 GG, Art. 25, Rn. 17 verweist auf die notwendige Trennung von Geltung und Anwendbarkeit einer völkerrechtlichen Norm.

142 Jarass, Hans D., Kommentar zu Art. 25 Grundgesetz, Rn. 5 mit Nachweisen zur Rechtsprechung.

143 Ebd.

144 Zuleeg, Manfred: Neuere Literatur zum Europarecht: Innerstaatliche Anwendung, in: AöR, 1975, S. 291-319, S. 304; Zuleeg, Die innerstaatliche Anwendbarkeit völkerrechtlicher Verträge am Beispiel des GATT und der Europäischen Sozialcharta, S. 347; Geiger, Grundgesetz und Völkerrecht, § 32 II 3 a; Kühner, Rolf: Das Recht

denn die innerstaatliche Geltung ist Voraussetzung der innerstaatlichen Anwendbarkeit.[145] Mit der Übernahme eines Vertrages in die innerstaatliche Rechtsordnung erlangt dieser innerstaatliche Geltung[146], und zwar der gesamte Vertrag, denn das Vertragsgesetz bezieht sich auf den Vertrag in seiner Gesamtheit.[147] Soweit ein Vertrag innerstaatliche Geltung erlangt hat, sind seine Normen zunächst Bestandteil des objektiven innerstaatlichen Rechts. Inwieweit diese Vertragsnormen dann Rechtswirkungen im Einzelfall entfalten können, hängt ab von ihrem spezifischen Inhalt und von ihrer Bestimmtheit[148] und muss durch Vertragsauslegung ermittelt werden. Dabei ist auch zu klären, inwieweit diese Normen zu ihrer Anwendbarkeit noch ergänzender oder konkretisierender Bestimmungen staats- oder völkerrechtlicher Art bedürfen.[149]

Da nicht die Geltung, sondern lediglich die Anwendbarkeit einer völkervertraglichen Norm im innerstaatlichen Bereich von ihrer Konkretheit abhängen kann, sind die Ansichten abzulehnen, die diese Trennung nicht durchführen und pauschal von vornherein nur die Normen in das innerstaatliche Recht übernehmen wollen, die unmittelbar anwendbar (self-executing) sind, aus denen sich konkrete Rechte und Pflichten für Bürger und staatliche Behörden

---

auf Zugang zu Gaststätten und das Verbot der Rassendiskriminierung, in: NJW, 39. Jg., 22/1986, S. 1397-1402, S. 1397 und S. 1399; Kunig, Völkerrecht und staatliches Recht, S. 123; Doehring, Völkerrecht, Rn. 337; Rojahn, Kommentierung zu Art. 59 GG, Art. 59, Rn. 35.

145 Kunig, Völkerrecht und staatliches Recht, S. 123; Rojahn, Kommentierung zu Art. 59 GG, Art. 59, Rn. 35; Doehring, Völkerrecht, Rn. 337; Zuleeg, Die innerstaatliche Anwendbarkeit völkerrechtlicher Verträge am Beispiel des GATT und der Europäischen Sozialcharta, S. 344; so auch das Reichsgericht und der Bundesgerichtshof: RGZ 117, S. 280, 284; BGHZ 11, S. 135, 138; BGHZ 52, S. 371, 383f.

146 Doehring, Völkerrecht, Rn. 337; Rojahn, Kommentierung zu Art. 59 GG, Art. 59, Rn. 35.

147 Geiger, Grundgesetz und Völkerrecht, § 32 II 3 a.

148 Rojahn, Kommentierung zu Art. 59 GG, Art. 59, Rn. 35.

149 Geiger, Grundgesetz und Völkerrecht, § 32 II 3 b; Rojahn, Kommentierung zu Art. 59 GG, Art. 59, Rn. 35.

ergeben.[150] Folge dieser Meinungen wäre auch, dass lediglich Bruchstücke von Verträgen in die innerstaatliche Rechtsordnung übernommen werden würden und nur diese für eine Auslegung des Vertrages zur Verfügung stünden. Die Anwendung des Vertrages auf Grund einer sinnvollen Auslegung der Vertragsvorschriften wäre zum Scheitern verurteilt.[151] Für den vertraglichen Bereich muss folglich das Gleiche gelten, wie für die allgemeinen Regeln des Völkerrechts nach Art. 25 GG: es handelt sich bei den Vertragsnormen um in das Bundesrecht übernommene Regelungen des objektiven Rechts[152], unabhängig davon, ob sie unmittelbar anwendbar sind oder nicht.

150 Siehe die Nachweise zu Vertretern bei Rojahn, Kommentierung zu Art. 59 GG, Art. 59, Rn. 34; Geiger, Grundgesetz und Völkerrecht, § 32 II 3 b bb) differenziert ferner zwischen unmittelbarer Anwendbarkeit, die sich daraus ergibt, ob von staatlicher Seite noch weitere vorgeschaltete Maßnahmen zu treffen sind oder nicht, bis die vertraglichen Bestimmungen innerstaatlich verwirklicht werden können und der Frage, ob die konkrete Vorschrift subjektive Rechte und Pflichten für einzelne Personen begründet.

151 Geiger, Grundgesetz und Völkerrecht, § 32 II 3 a.

152 Dies ergibt sich aus BVerfGE 46, S. 342; Geiger, Grundgesetz und Völkerrecht, § 32 II 3 a.

B. Der Rang des internationalen Rechts in der deutschen Rechtsordnung

Die Regelungen, die ein Staat bezüglich der Frage trifft, welchen Rang er internationalem Recht in der Hierarchie seiner Normen einräumen will, liegen grundsätzlich in seinem Ermessen.[153] Es gibt folgende Varianten der Rangeinstufung in die innerstaatliche Normenhierarchie: Verfassungsrang, Gesetzesrang und Untergesetzesrang. Es gibt auch die Möglichkeit eines Ranges zwischen der Verfassung und den Gesetzen und zwischen den Gesetzen und den untergesetzlichen Normen. Doch handelt es sich hier um Ausnahmen.[154] Eine innerstaatliche Norm, die völkerrechtlichen Normen einen Rang in der innerstaatlichen Normenhierarchie zuweist, kann nur den Rang zuweisen, den sie selbst besitzt oder einen niedrigeren Rang. Einen höheren Rang vermag sie nicht zu verleihen.[155]

---

153 Geiger, Grundgesetz und Völkerrecht, § 30 II; Papadimitriu, Die Stellung der allgemeinen Regeln des Völkerrechts im innerstaatlichen Recht, S. 85.

154 Papadimitriu, Die Stellung der allgemeinen Regeln des Völkerrechts im innerstaatlichen Recht, S. 86.

155 Ebd., S. 87.

I. Rang des Völkergewohnheitsrechtes und der allgemeinen Rechtsgrundsätze

Über den Rang, den das Völkergewohnheitsrecht und die allgemeinen Rechtsgrundsätze als allgemeine Regeln des Völkerrechts im deutschen Bundesrecht einnehmen, ist noch immer keine Einigkeit erzielt worden. Lediglich darüber, dass sie nicht den Rang von Gesetzen einnehmen, sondern diesen vorgehen, konnte leicht ein Einverständnis erlangt werden, da dies aus dem Wortlaut des Art. 25 Satz 2 GG eindeutig hervorgeht.[156] Sie stehen damit im Rang über dem einfachen Bundesrecht und dem Landesrecht.[157] Als mögliche Positionen kommen in Betracht ein Rang zwischen dem Grundgesetz und den Gesetzen, Verfassungsrang und Überverfassungsrang. Mit der überwiegenden Meinung wird hier der Zwischenrang der allgemeinen Regeln angenommen, also der Rang zwischen dem Grundgesetz und den einfachen Gesetzen[158], weil ein Verfassungsrang, wäre er gewünscht worden, auch ausdrücklich in Art. 25 GG niedergelegt worden wäre. Verfassungsrang wurde den allgemeinen Regeln des Völkerrechts aber gerade nicht gewährt, somit scheidet auch Überverfassungsrang aus. Der Zwischenrang hat zur Folge, dass der Gesetzgeber die Stellung der allgemeinen Re-

156 Ebd., S. 90, mit zahlreichen Nachweisen.

157 Jarass, Hans D., Kommentar zu Art. 25 Grundgesetz, Rn. 6.

158 Auch das Bundesverfassungsgericht schließt sich der Zwischenrangthese ausdrücklich an im Konkordatsurteil, BVerfGE 6, S. 363, und seitdem in weiteren Urteilen: BVerfGE 15, S. 33; BVerfGE 23, S. 316; BVerfGE 27, S. 274; es finden sich weitere Rechtsprechungshinweise bei: Tomuschat, Christian: Deutsche Rechtsprechung in völkerrechtlichen Fragen, Teil A: Allgemeines Friedensvölkerrecht, in: ZaöRV, 1968, S. 48-147, S. 63; Seidl-Hohenveldern/Stein, Völkerrecht, Rn. 582; Geck, Das Bundesverfassungsgericht und die allgemeinen Regeln des Völkerrechts, S. 137; Rojahn, Kommentierung zu Art. 25 GG, Art. 25, Rn. 36 m.w.N.; Heidenstecker-Menke, Die Bestandsgarantie völkerrechtlicher Verträge im österreichischen und deutschen Recht, S. 122; Jarass, Hans D., Kommentar zu Art. 25 Grundgesetz, Rn. 6, der die allgemeinen Regeln des Völkerrechts mit Hinweis auf BVerfGE 1, S. 208, 233 zusätzlich über den Landesverfassungen einordnet; Papadimitriu, Die Stellung der allgemeinen Regeln des Völkerrechts im innerstaatlichen Recht, S. 90 mit weiteren Nachweisen zu Vertretern dieser Meinung.

geln in der deutschen Rechtsordnung nicht zu verändern vermag, sondern sie vielmehr, wie auch alle anderen Staatsorgane, beachten muss.[159]
Mit der Bezeichnung der übernommenen Normen des Völkerrechts durch Art. 25 Satz 1 GG als Bestandteil des Bundesrechts wird die Möglichkeit ausgeschlossen, dass landesgesetzliche Vorschriften die Normen des Völkerrechts beeinträchtigen.[160]

159 Papadimitriu, Die Stellung der allgemeinen Regeln des Völkerrechts im innerstaatlichen Recht, S. 90f.

160 Seidl-Hohenveldern/Stein, Völkerrecht, Rn. 580.

II. Rang der völkerrechtlichen Verträge

1. Gesetzesrang

Der Rang, den die völkerrechtlichen Verträge in der deutschen Rechtsordnung einnehmen, bestimmt sich sachlich unabhängig von der Art und Weise ihrer Einbeziehung in die deutsche Rechtsordnung.[161] Sowohl die Transformationslehre als auch die Vollzugslehre ordnen die mit dem Vertragsgesetz übernommenen Bestimmungen in den Rang von Bundesgesetzen ein, wenn auch mit unterschiedlicher Begründung.[162] Im Grundgesetz selbst ist diesbezüglich nichts geregelt, jedoch kann als "Sitz der Rangregel"[163], welche durch Auslegung ermittelt werden muss, Art. 59 II GG angesehen werden.[164] Da die Übernahme desjenigen völkerrechtlichen Vertrages, der die Bedingungen des Art. 59 II GG erfüllt, in der Form eines Bundesgesetzes erfolgen muss, soll das übernommene Völkerrecht nach herrschender Meinung dann auch den Rang eines Bundesgesetzes haben[165], es soll in seinem Rang dem Rang des Rechtsetzungsaktes gleichen. Dies um so mehr, als sich im Grundgesetz keine Bestimmung findet, die Gegenteiliges besagt, dem übernommenen völkerrechtlichen Vertrag also einen anderen Rang, wie z.B. Verfassungsrang oder einen Rang außerhalb der Gesetzeshierarchie, zuweist.[166] Die Trans-

161 Geiger, Grundgesetz und Völkerrecht, § 32 II 4.

162 Heidenstecker-Menke, Die Bestandsgarantie völkerrechtlicher Verträge im österreichischen und deutschen Recht, S. 19.

163 Geiger, Grundgesetz und Völkerrecht, § 32 II 4.

164 Geiger, Grundgesetz und Völkerrecht, § 32 II 4.

165 Silagi, Die allgemeinen Regeln des Völkerrechts als Bezugsgegenstand in Art. 25 GG und Art. 26 EMRK, S. 643; Seidl-Hohenveldern/Stein, Völkerrecht, Rn. 583; Doehring, Völkerrecht, Rn. 720.

166 Das Bundesverfassungsgericht hat in seinem Konkordatsurteil abgelehnt, das Völkervertragsrecht auf die Stufe des Zwischenranges zu heben, wie sie die allgemeinen Regeln des Völkerrechts einnehmen: BVerfGE 6, S. 309, 363 mit Begründung der Ablehnung der Ansicht, welche mittels des völkergewohnheitsrechtlichen Sat-

formationstheorie leitet den Gesetzesrang aus dem Rang des Zustimmungsgesetzes ab, die Vollzugstheorie aus dem Rang des Vollzugsbefehls.[167] In beiden Fällen handelt es sich um Gesetze vom Rang eines Bundesgesetzes.

2. Zeitpunkt des Gesetzesranges

Die Übernahme völkerrechtlicher Verträge geschieht durch Vertragsgesetz. Der Zeitpunkt der Geltungserlangung im innerdeutschen Raum muss also mit dem Vertragsgesetz in Verbindung stehen. Bei dem Vertragsgesetz handelt es sich um ein Bundesgesetz, welches nach den Vorschriften der Art. 76 ff GG zustande kommt. Der Tag des Inkrafttretens der Gesetze soll in ihnen selbst festgelegt werden, Art. 82 II 1 GG. Für den Fall, dass eine solche Bestimmung fehlt, sieht Art. 82 II 2 GG vor, dass sie vierzehn Tage nach Ablauf des Tages der Ausgabe des Bundesgesetzblattes in Kraft treten, in welchem sie veröffentlicht worden sind.
Verträge, die gem. Art. 59 II GG einer Zustimmung oder Mitwirkung in Form eines Bundesgesetzes bedürfen, können sinnvollerweise nur mit in Kraft treten eben dieses Gesetzes innerstaatliche Geltung erlangen. Anderenfalls würde die eher erfolgende innerstaatliche Geltung die Zustimmung oder Mitwirkung der für die Bundesgesetzgebung zuständigen Körperschaften "überholen" und somit marginalisieren.

---

zes *"pacta sunt servanda"* das Völkervertragsrecht wie das Völkergewohnheitsrecht eingestuft sehen wollte.

167 Heidenstecker-Menke, Die Bestandsgarantie völkerrechtlicher Verträge im österreichischen und deutschen Recht, S. 19.

C. Wirkung der internationalen Normen

I. Wirkung einer allgemeinen Regel des Völkerrechts

Gemäß Art. 25 Satz 2 Halbsatz 2 GG erzeugen die allgemeinen Regeln des Völkerrechts Rechte und Pflichten unmittelbar für die Bewohner des Bundesgebietes. Dieser Satz wird von der ganz überwiegenden Meinung als deklaratorisch eingestuft, da sich eine unmittelbare Berechtigung und Verpflichtung des Einzelnen schon daraus ergibt, dass die allgemeinen Regeln des Völkerrechts mittels Satz 1 des Art. 25 GG in das Bundesrecht eingegliedert werden.[168]

Als Adressaten kommen allerdings, im Gegensatz zum Wortlaut des Art. 25 Satz 2 GG, nicht nur natürliche Personen in Betracht, sondern auch juristische. Des weiteren ist das Kriterium der Bewohnerschaft zu kurz gefasst: Art. 25 GG meint alle Personen, die der Staatsgewalt der Bundesrepublik unterstehen.[169] Ausreichend ist also Aufenthalt bzw. Sitz im Bundesgebiet.[170] Das folgt aus der Tatsache, dass die allgemeinen Regeln Bestandteil des Bundesrechts werden, dem alle Personen unterstehen.

Die allgemeinen Regeln brechen jede nachrangige Norm aus deutscher Rechtsquelle, die hinter ihnen zurückbleibt oder ihnen widerspricht[171], was dazu führt, dass kollidierendes innerstaatliches Recht durch die allgemeinen Regeln des Völkerrechts entweder verdrängt oder seine völkerrechtskonforme Anwendung bewirkt wird.[172] Jedoch werden den allgemeinen Regeln widersprechende deutsche Gesetze durch Art. 25 GG nicht für nichtig erklärt.[173]

---

168 BVerfGE 15, S. 25, 33 ; BVerfGE 23, S. 288, 316; Geck, Das Bundesverfassungsgericht und die allgemeinen Regeln des Völkerrechts, S. 138.

169 Geck, Das Bundesverfassungsgericht und die allgemeinen Regeln des Völkerrechts, S.138; Kunig, Völkerrecht und staatliches Recht, S. 165.

170 Jarass, Hans D., Kommentar zu Art. 25 Grundgesetz, Rn. 5.

171 Jarass, Hans D., Kommentar zu Art. 25 Grundgesetz, Rn. 6; BVerfGE 6, S. 309, 363; BVerfGE 23, S. 288, 316.

172 BVerfGE 23, S. 288, 316.

173 BVerfGE 36, S. 342, 365.

II. Wirkung völkerrechtlicher Verträge

Adressaten der in den innerstaatlichen Bereich übernommenen Vertragsnormen sind zunächst die Staatsorgane, die kraft des Gesetzesranges, den der Vertrag erhält, die Pflicht haben, die Erfüllung des Vertrages durch die Bundesrepublik Deutschland zu gewährleisten.[174] Sie sind immer Adressaten einer solchen Vertragsnorm. Sobald einzelne Vertragsnormen, die innerstaatlich Geltung erlangt haben, auch Rechte und Pflichten für die einzelne Person festlegen, sind die davon betroffenen Personen ebenfalls Adressaten der entsprechenden Vertragsbestimmungen.

Bei Abschluss eines völkerrechtlichen Vertrages besteht bis auf wenige Ausnahmen die Möglichkeit, Vorbehalte anzubringen.[175] Soweit die Bundesrepublik Deutschland zu einem von ihr abgeschlossenen Vertrag einen gültigen Vorbehalt angebracht hat, kann der Vertrag innerstaatlich nur eine solche Wirkung entfalten, die mit seiner völkerrechtlichen Geltung korrespondiert.
Im Verhältnis zu früheren deutschen Gesetzen geht der übernommene Vertrag als *lex posterior* vor, denn er erhält den Rang eines Bundesgesetzes. Eine Folge davon ist freilich auch, dass ein späteres Gesetz das Vertragsgesetz gemäß der *lex-posterior*-Regel abändern kann.[176] Dem soll durch das Verfassungsgebot der völkerrechtsfreundlichen Auslegung innerstaatlichen Rechts[177] vorgebeugt werden, welches bewirkt, dass den Auslegungsregeln

174 Geiger, Grundgesetz und Völkerrecht, § 32 II 3 a.

175 Siehe zu den Einschränkungen Art. 19 des Wiener Übereinkommens über das Recht der Verträge.

176 Seidl-Hohenveldern/Stein, Völkerrecht, Rn. 593; Doehring, Völkerrecht, Rn. 721; Geiger, Grundgesetz und Völkerrecht, § 32 II 4.

177 Arnold, Rainer: in: Geiger, Rudolf, Hg.: Völkerrechtlicher Vertrag und staatliches Recht vor dem Hintergrund zunehmender Verdichtung der internationalen Beziehungen, Symposion vom 28. bis 30. Januar 1999 in Leipzig, Leipziger Schriften zum Völkerrecht, Europarecht und ausländischen öffentlichen Recht, Band 1: Baden-Baden: Nomos, 2000, S. 25-26, S. 25f; Siehe näher dazu bei: Tomuschat, Christian: § 172: Die Entscheidung für die internationale Offenheit, in: Isensee, Josef/Kirchhof, Paul, Hgg.: Handbuch des Staatsrechts, Band VII: Normativität und

der Vorzug gegeben wird, die die innerstaatliche Wirksamkeit der in Frage stehenden Regelung nicht berühren. Daneben wird die internationale Norm als *lex specialis* gewertet, der der Vorrang vor den nationalen Gesetzen zu gewähren sei, um die Normenkollision auszuräumen.[178] Erst im äußersten Notfall soll die eigentliche Rechtsfolge der *lex-posterior*-Regel, Vertragsbruch durch die Bundesrepublik Deutschland, eintreten.[179]

Schutz der Verfassung – Internationale Beziehungen. – Heidelberg: Müller, 1992, § 172, Rn. 27ff.

178 Heidenstecker-Menke, Die Bestandsgarantie völkerrechtlicher Verträge im österreichischen und deutschen Recht, S. 15.

179 Geiger, Grundgesetz und Völkerrecht, § 32 II 4; eine diesem Problem entgegentretende Lösung, die die völkerrechtlichen Verträge Deutschlands mittels einer Verfassungsänderung auf den Rang zwischen Verfassung und Bundesgesetzen heben will, so wie dies schon für die allgemeinen Regeln des Völkerrechts der Fall ist, ist vereinzelt geblieben: siehe dazu bei Heidenstecker-Menke, Die Bestandsgarantie völkerrechtlicher Verträge im österreichischen und deutschen Recht, S. 121ff.

3 Internationales Recht in der Rechtsordnung der Russländischen Föderation

A. Einführung

Beim Vergleich von deutschem und russländischem Recht stößt man auf Unterschiede in den Rechtsordnungen, welche über die für gewöhnlich bestehenden Unterschiede zwischen Rechtsordnungen westlicher Prägung hinausgehen. Es gibt grundlegende Differenzen zu beachten, die hier zunächst angerissen werden sollen, um den Zugang zur russländischen Rechtsordnung zu erleichtern.

Eine dieser Differenzen ist das Phänomen des Rechtsnihilismus. In westlichen Abhandlungen zu Rechtsphilosophie, Rechtsgeschichte und Rechtstheorie findet dieser Begriff keine Erwähnung[180], zumindest nicht in Bezug auf die eigenen, westlichen Rechtsordnungen und Rechtsanschauungen. Im russländischen Recht dagegen nahm er eine bedeutende Stellung in der Diskussion um die Rolle des Rechts ein.[181] Ursachen waren vermutlich Überregulierung und autoritäres Rechtsverständnis – schon im 19. Jahrhundert und auch später in der Sowjetunion waren diese Faktoren prägend, wobei darauf hingewiesen werden muss, dass die Überregulierung zu Zeiten der Sowjetunion nicht in zahlenmäßig vielen Gesetzen ihren Ausdruck fand, sondern in untergesetzlichen, oft nicht veröffentlichten und auch wenig systematisierten Rechtsakten.[182] Man muß sich bei der Beurteilung der Verhältnisse in Russland jedenfalls immer vor Augen halten, dass hier teilweise von den unseren sehr verschiedene Vorstellungen bezüglich der Grundprinzipien und Grundwerte europäischer Demokratie aufeinander-

---

180 Nußberger, Die Frage nach dem tertium comparationis, S. 83.

181 Schroeder, Friedrich-Christian: 74 Jahre Sowjetrecht. – München: C.H. Beck, 1992, S. 8 mit zahlreichen weiteren Literaturnachweisen; Nußberger, Die Frage nach dem tertium comparationis, S. 83 mit detaillierter Darstellung der verschiedenen Ansichten in Russland selbst und zahlreichen Literaturverweisen.

182 Nußberger, Die Frage nach dem tertium comparationis, S. 83.

treffen: während Russland enge Beziehungen zu einem Europa aufbauen will, das geprägt ist von Demokratie, Rechtsstaatlichkeit und der effektiven Funktionsweise von Institutionen mit berechenbaren Spielregeln[183] stellt in Russland "nicht das Recht den höchsten Wert dar", sondern werden die Beziehungen der Menschen untereinander "nicht primär über das Gesetz, sondern über die Sittlichkeit, die Moral, das Geistige, die zwischenmenschlichen Beziehungen" geregelt[184].

Des Weiteren ist in diesem Zusammenhang die ideologische Besetzung der Begrifflichkeiten zu nennen. Juristische Termini wurden, vor allem in der ehemaligen Sowjetunion, bewusst im Gegensatz zu den Standards der westlichen Tradition ideologisch besetzt und um- oder abgewertet.[185] Während der Transformationsphase mussten daher Begriffe wiedereingeführt werden bzw. musste eine, diesmal den Begriffen des sozialistischen Konzepts entgegengesetzte, Umbenennung und Neudefinierung von juristischen Begriffen stattfinden. Maßstab dafür waren die so genannten Weltstandards (mirovye standardy), die vor allem aus internationalen Abkommen entnommen wurden.[186] Die immer wieder von oben nach unten gekehrten juristischen Termini, die sich nun an den Weltstandards orientieren sollen, führen dazu, dass sich um die jeweiligen Begriffe eine vielschichtige Bedeutung aufgebaut hat,

183 Timmermann, Heinz: Rußland und die internationalen europäischen Strukturen: Widersprüche und Ambivalenzen russischer Identitätsfindung, in: Bundesinstitut für ostwissenschaftliche und internationale Studien, Hg.: Rußland in Europa? Innere Entwicklungen und internationale Beziehungen – heute. – Köln, Weimar, Wien: Böhlau, 2000, S. 199-213, S. 200.

184 Čubajs, Igor': Vortrag auf dem Symposion "Rossija i Evropa. Kto myi?" (russ.: Russland und Europa. Wer sind wir?), in: Vertretung der Europäischen Kommission in Russland (Hrsg.), Symposion zum Verhältnis zwischen Russland und der Europäischen Union "Rossija i Evropa. Kto myi?" (russ.: Russland und Europa. Wer sind wir?). – Moskau: NOK, 1998, S. 23-30, S. 29.

185 Franz, Henrike: Die Hauptverhandlung im russischen Strafverfahren. Derzeitige Ausgestaltung und Reformüberlegungen. – Berlin: Verlag Dr. Köster, 2000, S. 213; Siehe zum Beispiel der Definition der Grundrechte als lediglich den Arbeitnehmer schützende, vom Staat verliehene, aber nicht einklagbare Rechte bei: Kahl, Wolfgang: Das Grundrechtsverständnis der postsozialistischen Verfassungen Osteuropas. – Berlin: Duncker und Humblot, 1994, S. 19ff.

die sich nur schwer exakt fassen und mit Übersetzung allein, wie so oft in der Rechtsvergleichung, nicht erfassen und bewältigen lässt.

Abschließend soll auf die Dynamik der Rechtentwicklung eingegangen werden. Grundsätzlich muss diesbezüglich die Feststellung getroffen werden, dass sich das russländische Recht mit unglaublicher Schnelligkeit ändert. Neue Rechtsakte in großer Zahl werden erlassen.[187] Unter ihnen sind sowohl umfassende Neuregelungen wie das StGB und die StPO als auch Abänderungen erst kürzlich erlassener Gesetze. Die 89 Subjekte der Föderation,[188] die eine Art Bundesländer, allerdings mit unterschiedlicher Organisationsform, darstellen, erlassen ihrerseits eigenständige Gesetze und andere Rechtsakte. Idealerweise geschieht dies im Rahmen ihrer Kompetenzen, jedoch musste schon oft die Verletzung der Gesetzgebungskompetenz durch die Subjekte festgestellt werden.[189] Egor Stroev, der ehemalige Vorsitzende des Föderationsrates[190], schätzte die Zahl der nicht kompetenzgemäß erlassenen und damit gegen Bundesrecht verstoßenden Rechtsakte der Subjekte Russlands auf über 20%.[191] Überhaupt scheint die Rechtsentwicklung des Zentrums und der einzelnen Subjekte noch nicht aufeinander eingestimmt zu sein. Nicht zuletzt ist dafür wohl die unklare Kompetenzabgrenzung in der

---

186 Nußberger, Die Frage nach dem tertium comparationis, S. 84.

187 Z. B. enthält das Gesetzblatt der Russländischen Föderation "Sobranie Zakonodatel'stva Rossijskoj Federacii" (SZRF) für das Jahr 1996 5922 Einzeleinträge auf 11504 Seiten, die nur rudimentär mittels eines Stichwortverzeichnisses erschlossen sind. Hinweis aus: Nußberger, Die Frage nach dem tertium comparationis, S. 85, Fn. 44; Schroeder merkt an, dass durch die fehlende Hervorhebung der entscheidenden Einträge im Inhaltsverzeichnis des Gesetzblattes der Stand der Gesetzgebung völlig unübersichtlich ist: Schroeder, Friedrich-Christian: Probleme der Gesetzgebung in Rußland, in: Schroeder, Friedrich-Christian, Hg.: Die neuen Kodifikationen in Rußland. 2. Aufl. – Berlin: Berlin-Verlag Spitz, 1997, S. 23.

188 Siehe Art. 65 VerfRF.

189 Z. B. Entscheidung des Verfassungsgerichtes vom 10.07.1995, in: SZRF, 29/1995, Art. 2860; Entscheidungen des Verfassungsgerichtes vom 24.11.1995, in: SZRF, 48/1995, Art. 4692; nachgewiesen bei: Nußberger, Die Frage nach dem tertium comparationis, S. 85, Fn. 47

190 Der Föderationsrat ist ein Teil des Parlaments (siehe Art. 95 I VerfRF). Er ist in etwa vergleichbar mit dem deutschen Bundesrat.

191 Izvestija vom 08. 02. 2000, S. 1 und 3.

Verfassung[192] und die komplizierte Vorrangregel des Art. 76 VerfRF verantwortlich zu machen.
Rechtsreformen finden natürlich auch in anderen Staaten ständig statt. Doch gerade in Russland beschränkt sich der Umbau der Rechtsordnung nicht nur auf Teilbereiche, sondern erstreckt sich auf die Rechtsordnung als Ganzes. Ein Vergleich der russländischen Rechtsordnung mit einer anderen, westeuropäischen Rechtsordnung bringt damit immer den Vergleich von neuen Regelungen auf der einen Seite mit einer in der Regel langen Rechtstradition auf der anderen Seite mit sich. Bedenken hinsichtlich der grundsätzlichen Geeignetheit zum Vergleich ergeben sich jedoch im Bereich des Verfassungsrechts, der hier betrachtet wird, nicht, da sich dieser als stabil erwiesen hat.

192 Art. 71 ff VerfRF.

B. Übernahme des internationalen Rechts

Die Schlüsselnorm der russländischen Verfassung für die Übernahme internationalen Rechts findet sich in ihrem Art. 15 IV 1[193]: Die allgemein anerkannten Prinzipien und Normen des Völkerrechts und die völkerrechtlichen Verträge der Russländischen Föderation sind Bestandteile ihrer Rechtsordnung.

Mit Art. 15 IV VerfRF wurde zum ersten Mal in der Geschichte Russlands das Verhältnis von Völkerrecht und nationalem Recht in der Verfassung niedergelegt.[194] Er realisiert außerdem die rechtliche Absicherung der völkerrechtlichen Normen, da er Teil des ersten Kapitels der Verfassung ist, welches mit "Die Grundlagen der verfassungsmäßigen Ordnung" überschrieben ist.[195] Diesen Grundsätzen dürfen andere Vorschriften der Verfassung nicht widersprechen[196], ganz zu schweigen von Rechtsnormen, die nicht auf der Stufe von Verfassungsnormen stehen.

193 Chlestov, O. N.: Meždunarodnoe pravo i Rossija (russ.: Internationales Recht und Russland), in: Moskovskij žurnal meždunarodnogo prava, 4/1994, S. 52-59, S. 52.

194 Lukashuk, I. I.: Russia's Conception of International Law, in: Parker School Journal of East European Law, 2/1995, S. 1-27, S. 14.

195 Ebd.

196 Siehe Art. 16 II VerfRF.

I. Art und Weise der Einbeziehung in die innerstaatliche Rechtsordnung

1. Völkergewohnheitsrecht und allgemeine Rechtsgrundsätze

Viele Staaten bekunden in ihren Verfassungen lediglich, dass sie ungeschriebenes Völkerrecht beachten wollen, bzw. sie erklären es für anwendbar.[197] Die Verfassung Russlands jedoch erklärt sie zum Bestandteil ihrer Rechtsordnung. Das ist aus dem Wortlaut zu entnehmen und unumstritten.[198] Überwiegend sind die Rechtsordnungen fremder Staaten nicht mit derart subtilen Vorschriften über die Beachtung des völkerrechtlichen Gewohnheitsrechts ausgestattet, wie das im deutschen Recht der Fall ist.[199] In den Staaten beispielsweise, die dem Rechtskreis des common law angehören, gilt zwar der Satz "international law is part of the law of the land", aber die Behörden und Gerichte haben jeweils das relevante Gesetz des nationalen Gesetzgebers anzuwenden und zwar auch dann, wenn es dem völkerrechtlichen Gewohnheitsrecht widerspricht.[200] Inwieweit dies auch für die Russländische Föderation zutrifft, die zwar nicht dem Rechtskreis des common law angehört, aber traditionell das Völkergewohnheitsrecht und die allgemeinen Rechtsgrundsätze als den internationalen Verträgen nicht ebenbürtige Quelle des internationalen Rechts ansieht[201], ist hier zu untersuchen.

197 Doehring, Völkerrecht, Rn. 727.

198 Davon geht ohne weiteres auch das Verfassungsgericht der Russländischen Föderation aus in: Postanovlenie Konstitucionnogo Suda Rossijskoj Federacii (Beschluss des Verfassungsgerichtes der Russländischen Föderation) vom 10. 07. 1995, Ziffer 5, in: SZRF, 29/1995, Art. 2860.

199 Doehring, Völkerrecht, Rn. 733.

200 Ebd.

201 Vereshchetin, Vladlen S.: New Constitutions and the old Problem of the Relationship between International Law and National Law, in: EJIL, 7/1996, S. 29-41, S. 37.

a) Verfassungsrechtliche Vorgaben

Die russländische Verfassung[202] wurde am 12. 12. 1993 per Referendum[203] angenommen und trat daraufhin am 25. 12. 1993 in Kraft.[204] Als ein neues Grundgesetz für einen "demokratischen föderativen Rechtsstaat"[205] stellt die Verfassung einen wichtigen Schritt zur Etablierung eines Rechtsstaates in Russland dar.[206] In der Diskussion, die der Verfassungsgebung voraus ging, war einer der wesentlichen Punkte die Frage, wie sichergestellt werden kann, dass Russland zukünftig seinen internationalen Verpflichtungen effektiv nachkommt. Im Ergebnis enthält die Verfassung nun eine Reihe von Normen, die auf das internationale Recht verweisen und den Wunsch der Russländischen Föderation reflektieren, ein offenes und gesetzestreues Mitglied der internationalen Gemeinschaft zu werden.[207]

b) Die Vorschrift des Art. 15 IV VerfRF

In Art. 15 IV 1 VerfRF wird festgelegt, dass die allgemein anerkannten Prinzipien und Normen des Völkerrechts Bestandteil der russländischen Rechtsordnung sind. Seinem Wortlaut ist nicht zu entnehmen, wie das internationale Recht in die russländische Rechtsordnung übernommen werden soll, welcher Methode der Einwirkung von Völkerrecht in den innerstaatlichen Bereich also der Vorzug gegeben werden soll.

Zu klären ist nun zunächst, was unter den in Art. 15 IV VerfRF verwendeten Begriffen verstanden, was davon umfasst wird. Für die Beantwortung dieser Frage muss auch hier grundsätzlich das Völkerrecht herangezogen werden,

202 Öffentlicher Abdruck in: Rossijskaja Gazeta vom 25. 12. 1993, S. 3; deutsche Übersetzung von Oertner in: EuGRZ ,1994, S. 519-533.

203 58,1 % der am Referendum teilnehmenden Personen votierten für die Verfassung, siehe Rossijskaja Gazeta vom 25. 12. 1993, S. 1.

204 Rossijskaja Gazeta vom 25. 12. 1993, S. 1.

205 Art. 1 VerfRF.

206 Danilenko, The new Russian Constitution and International Law, S. 451.

207 Ebd., S. 452.

denn es handelt sich um die innerstaatliche Stellung von völkerrechtlichen Normen, die als solche in den innerstaatlichen Bereich eingehen.[208] Es ist höchst umstritten, was unter den "allgemein anerkannten Prinzipien und Normen des Völkerrechts" zu verstehen ist. Begrifflich deckt sich dieser Terminus nicht mit den klassischen Quellen des Völkerrechts, weshalb eine Untersuchung dahingehend nötig ist, inwieweit diese hier umfasst sein sollen. Eine genaue Unterteilung in völkerrechtliche Verträge, Völkergewohnheitsrecht und allgemeine Rechtsgrundsätze wird von den verschiedenen Vertretern und Vertreterinnen aus Lehre und Rechtsprechung nicht immer vorgenommen, so dass sich ein sehr komplexes Meinungsbild herauskristallisiert, welches eine Zuordnung der vertretenen Ansichten zu den jeweiligen Quellen des Völkerrechts erschwert.

c) Fallgruppen

aa) Völkerrechtliche Verträge

Teilweise wird in den allgemein anerkannten Prinzipien und Normen des Völkerrechts der Oberbegriff für völkerrechtliche Verträge und Völkergewohnheitsrecht gesehen[209], völkerrechtliche Verträge sollen also umfasst sein.[210]

---

208 Zimnenko, B. L.: Meždunarodnye dogovory v sudebnoj sisteme Rossijskoj Federacii (russ.[etwa]: Internationale Verträge in der Rechtsanwendung durch die Gerichte der Russländischen Föderation), in: Moskovskij žurnal meždunarodnogo prava, 2/1999, S. 104-121, S. 105.

209 Baglaj, M. V.: Konstitucionnoe pravo Rossijskoj Federacii (Verfassungsrecht der Russländischen Föderation). učebnik dlja vuzov (russ.: Lehrbuch für Hochschulen) 4. Aufl. – Moskau: NORMA, 2003, S. 23; Maročkin, S. Ju.: Sootnošenie juridičeskoj sily norm meždunarodnogo i vnutrigosudarstvennogo prava v pravovoj sisteme Rossijskoj Federacii (russ.: Das Verhältnis der rechtlichen Geltung von internationalem und innerstaatlichem Recht im Rechtssystem der Russländischen Föderation), in: Rossijskij juridičeskij žurnal 2/1997, S. 34-52, S. 39 m.w.N.; Talalaev, A. N.: Dva voprosa meždunarodnogo prava v svjasi s Konstituciej RF (russ.: Zwei Fragen des Völkerrechts in Verbindung mit der Verfassung der Russländischen Föderation), in: Gosudarstvo i pravo. 3/1998, S. 64-70, S. 65; Tiunov, O. I.: Konstitucionnyj Sud Rossijskoj Federacii i meždunarodnoe pravo (russ.: Das Verfassungsgericht der Russländischen Föderation und internationales Recht), in: Rossijskij ežegodnik

Inwieweit eine Einschränkung gemacht wird bezüglich der Allgemeinheit des Inhalts des Vertrages, ist nicht ersichtlich.

Jedoch lässt die Verfassung selbst nach ihrem Wortlaut andere Rückschlüsse zu: Durch die Nennung von allgemein anerkannten Prinzipien und Normen des Völkerrechts einerseits und völkerrechtlichen Verträgen andererseits in den Art. 15 IV und Art. 69 VerfRF ergibt sich, dass mit den allgemein anerkannten Prinzipien und Normen des Völkerrechts zumindest nicht die vertraglichen Bindungen der Russländischen Föderation gemeint sein sollen[211], da bei einem solchen Ansatz eine explizite begriffliche Trennung nicht nötig gewesen wäre und sie in einer anderen Formulierung Niederschlag gefunden hätten.

Das Oberste Gericht der Russländischen Föderation[212] wiederum versteht unter diesen Prinzipien und Normen diejenigen, die in "völkerrechtlichen

---

meždunarodnogo prava 1995. – St. Petersburg: Rossija-Neva, 1996, S. 179-191, S. 181.

210 Siehe auch die Übersicht zu den verschiedenen Ansichten bezüglich des Begriffes der "allgemein anerkannten Normen und Prinzipien des Völkerrechts" in Russland bei Giesecke, Bettina: Die auswärtige Gewalt in der Russischen Föderation und die Rolle des Völkerrechts in der russländischen Rechtsordnung. – Frankfurt am Main: Peter Lang, 2004, S. 224ff.

211 Im Ergebnis ebenso: Danilenko, Gennady M.: Primenenie meždunarodnogo prava vo vnutrennej pravovoj sisteme Rossii: praktika Konstitucionnogo Suda (russ.: Die Anwendung internationalen Rechts im innerstaatlichen Rechtssystem Russlands: Praxis des Verfassungsgerichts), in: Gosudarstvo i pravo, 11/1995, S. 115-125, S. 117.

212 Das Oberste Gericht der Russländischen Föderation (Verchovnyj Sud Rossijskoj Federacii) ist die höchste Instanz für Straf-, Verwaltungs- und Zivilsachen, die nicht Wirtschaftssachen sind, und für alle anderen, der ordentlichen Gerichtsbarkeit unterfallenden Rechtssachen (Art. 126 VerfRF). Das Oberste Wirtschaftsgericht (auch Schiedsgericht oder Arbitragegericht) der Russländischen Föderation (Verchovnyj Arbitražnij Sud Rossijskoj Federacii) ist die höchste Instanz für Wirtschaftssachen und anderer, den Wirtschaftsgerichten unterfallenden Streitigkeiten (Art. 127 VerfRF). Das Verfassungsgericht (Konstitucionnyj Sud Rossijskoj Federacii) ist u.a. zuständig für die Überprüfung der Verfassungsmäßigkeit von Rechtsakten die in Art. 125 II und IV VerfRF näher bestimmt sind und für die Klärung von Kompetenzstreitigkeiten zwischen Staatsorganen der Föderation und der Subjekte, Art. 125 III

Pakten, Konventionen und anderen Dokumenten, z.B. der Allgemeinen Erklärung der Menschenrechte oder den Internationalen Menschenrechtspakten" niedergelegt sind[213]. Es schränkt den Begriff zum einen auf die vertraglichen Normen des Völkerrechts ein, indem es auf die völkerrechtlichen Pakte und Konventionen verweist, zum anderen erweitert es den Begriff der allgemein anerkannten Prinzipien und Normen des Völkerrechts auf völkerrechtlich (noch) nicht verbindliche Dokumente wie die AEMR der Vereinten Nationen.

Eine entsprechende Verfassungsgerichtsentscheidung, die den Begriff der allgemein anerkannten Prinzipien und Normen des Völkerrechts deutlich definiert, liegt noch nicht vor.[214] In früheren Entscheidungen verwies das Gericht zwar auf die allgemein anerkannten Prinzipien und Normen des Völkerrechts, eine Subsumtion unter die völkerrechtlichen Rechtsquellen wurde aber nicht vorgenommen.[215]

Vielmehr wurden sowohl völkerrechtliche Verträge, wie der Internationale Pakt für politische und bürgerliche Rechte von 1966[216], der Internationale

---

VerfRF. Weitere Kompetenzen finden sich in den übrigen Absätzen des Art. 125 VerfRF. Diese drei Gerichte stehen in einem gleichrangigen Verhältnis zueinander. Das Verfassungsgericht ist also nicht, wie in Deutschland, das ranghöchste Gericht, was sich aus Art. 93 I Nr. 4 a GG ergibt, nach dem gegen Akte der öffentlichen Gewalt, zu denen auch die Urteile der Bundesgerichte gehören, Verfassungsbeschwerde erhoben werden kann.

213 Postanovlenie No. 8 plenuma Verchovnogo Suda RF (russ.: Beschluss Nr. 8 des Obersten Gerichts der Russländischen Föderation) vom 31. 10. 1995, Ziffer 5 in: Žilin, G.A.: Kommentarij Konstitucii Rossijskoj Federacii (russ.: Kommentierungen zur Verfassung der Russländischen Föderation). – Moskau: OMEGA-EL, 2000, S. 55ff; auch in Rossijskaja Gazeta vom 28. 12. 1995, S. 6.

214 Giesecke, Die auswärtige Gewalt in der Russischen Föderation und die Rolle des Völkerrechts in der russländischen Rechtsordnung, S. 224.

215 Ebd.

216 Postanovlenie Konstitucionnogo Suda Rossijskoj Federacii (Beschluss des Verfassungsgerichtes der Russländischen Föderation) vom 10. 07. 1995 zum Wahlgesetz der Republik Tschuwaschien, Ziffer 5, in: Sobranie Zakonodatel'stva Rossijskoi Federacii (Gesetzessammlung der Russländischen Föderation), 29/1995, Art. 2860.

Pakt für wirtschaftliche, soziale und kulturelle Rechte von 1966[217] oder das Zusatzprotokoll zu den Genfer Konventionen vom 12. 08. 1949 betreffend den Schutz der Opfer nicht internationaler bewaffneter Konflikte (Protokoll II)[218] als auch Erklärungen der Generalversammlung der VN[219], die keinen rechtsverbindlichen Charakter haben, herangezogen, ohne dies jedoch näher zu begründen.[220] Unverständlich bleibt, warum auf die herangezogenen völkerrechtlichen Verträge nicht im Zusammenhang mit den völkervertraglichen Bindungen Russlands eingegangen wird, sondern im Kontext der allgemein anerkannten Prinzipien und Normen des Völkerrechts.

bb) Völkergewohnheitsrecht

Überwiegend wird unter die "allgemein anerkannten Prinzipien und Normen des Völkerrechts" das Völkergewohnheitsrecht subsumiert.[221] Vereinzelt wird gefordert, dass nur das *ius cogens* darunter gezählt werden soll.[222]

217 Postanovlenie Konstitucionnogo Suda Rossijskoj Federacii (Beschluss des Verfassungsgerichtes der Russländischen Föderation) vom 17. 05. 1995 ("Streikverbotsfall"), Ziffer 3, in: SZRF, 21/1995, Art. 1976, deutsche Übersetzung von Hartwig und Beknazar in: EuGRZ , 19-20/1997, S. 500-502.

218 Postanovlenie Konstitucionnogo Suda Rossijskoj Federacii (Beschluss des Verfassungsgerichtes der Russländischen Föderation) vom 31. 07. 1995 ("Tschetschenienurteil"), Ziffer 5, in: SZRF, 33/1995, Art. 3424; deutsche Übersetzung von Beknazar, Tigran, in: ZaöRV, 1997, S. 180-193.

219 "Friendly-Relations"-Declaration der Generalversammlung der Vereinten Nationen: "Erklärung über völkerrechtliche Grundsätze für freundschaftliche Beziehungen und Zusammenarbeit zwischen den Staaten im Sinne der Charta der Vereinten Nationen", Anhang zu Resolution der Generalversammlung der Vereinten Nationen Nr. 2625 [XXV] vom 24. 10. 1970, in: Postanovlenie Konstitucionnogo Suda Rossijskoj Federacii (Beschluss des Verfassungsgerichtes der Russländischen Föderation) vom 31. 07. 1995 ("Tschetschenienurteil"), Ziffer 2, in: SZRF, 33/1995, Art. 3424; deutsche Übersetzung von Beknazar, Tigran, in: ZaöRV, 1997, S. 180-193.

220 Siehe dazu auch Giesecke, Die auswärtige Gewalt in der Russischen Föderation und die Rolle des Völkerrechts in der russländischen Rechtsordnung, S. 224f.

221 Danilenko, The new Russian Constitution and International Law, S. 465; Danilenko, Primenenie meždunarodnogo prava vo vnutrennej pravovoj sisteme Rossii: praktika Konstitucionnogo Suda, S. 117f; Talalaev, A. N.: Sootnošenie meždunarodnogo i

Im Urteil zum Staatsangehörigkeitsgesetz[223] erwähnt das Verfassungsgericht zwar Art. 15 II der Allgemeinen Erklärung der Menschenrechte vom

---

vnutrigosudarstvennogo prava i Konstitucija Rossijskoj Federacii (russ.: das Verhältnis von internationalem und innerstaatlichem Recht und die Verfassung der Russländischen Föderation), in: Moskovskij žurnal meždunarodnogo prava, 4/1994, S. 3-15, S. 6; Talalaev, Dva voprosa meždunarodnogo prava v svjasi s Konstituciej RF, S. 65; Nešataeva, T. N.: Arbitražnye sudy i nekotorye voprosy primenenija meždunarodnogo prava v Rossijskoj Federacii (russ.: Die Wirtschaftsgerichte und einige Fragen der Anwendung des Völkerrechts in der Russländischen Föderation), in: Russian Yearbook of International Law, 1998/99, S. 218-231, S. 221f; etwas unscharf, im Ergebnis aber wohl ebenfalls so: Tiunov, Konstitucionnyj Sud Rossijskoj Federacii i meždunarodnoe pravo, S. 180f; Tiunov, O.: Rešenija Konstitutionnogo Suda RF i meždunarodnoe pravo (Entscheidungen des Verfassungsgerichts der Russländischen Föderation und Völkerrecht), in: Rossijskaja justicija, 10/2001, S. 14-16, S. 15, der als Verfassungsrichter in diesem Artikel die Haltung des VerfGRF zu dieser Frage widergibt und als allgemeine Prinzipien und Normen des Völkerrechts im engeren Sinne das *ius cogens* bezeichnet; Lukašuk, Das neue russische Gesetz über internationale Verträge und das Völkerrecht, S. 184; Lukašuk, Primenenie norm meždunarodnogo prava v svete federal'nogo zakona o meždunarodnych dogovorach Rossii, S. 48; wohl auch Chlestova, I. O.: Sootnošenie meždunarodnogo i vnutrigosudarstvennogo prava i Konstitucija Rossijskoj Federacii (russ.: Das Verhältnis von internationalem und innerstaatlichem Recht und die Verfassung der Russländischen Föderation), in: Žurnal rossijskogo prava, 2/1997, S. 20-25, S. 23; wohl auch Zimnenko, B. L.: Meždunarodnoe pravo i rossijskoe pravo: ich sootnošenie (russ.: Völkerrecht und russländisches Recht: ihr Verhältnis zueinander), in: Moskovskij žurnal meždunarodnogo prava, 3/2000, S. 162-168, S. 166.

222 Barcic, I. N.: Meždunarodnoe pravo i pravovaja sistema Rossii (russ.: Völkerrecht und das Rechtssystem Russlands), in: Žurnal rossijskogo prava, 2/2001, S. 61-70, S. 62; Malinin, S. A.: Operation of Rules of International Law in the Territory of Russia under the 1993 Constitution, in: Koskenniemi, M., Hg.: The Finnish Yearbook of International Law 1999, S. 336-339, S. 337; Polenina, S. V.: in: Morozova, L. A., Rossijskaja pravovaja sistema i meždunarodnoe pravo: sovremennye problemy vzaimodejstvija (russ.: Russländisches Rechtssystem und Völkerrecht: aktuelle Probleme der Wechselwirkung), in: Gosudarstvo i pravo, 2/1996, S. 4-6, S. 4.

223 Postanovlenie Konstitucionnogo Suda Rossijskoj Federacii (Beschluss des Verfassungsgerichtes der Russländischen Föderation) vom 16. 05. 1996 ("Fall Smirnoff"),

10. 12. 1948, schweigt aber sowohl bezüglich der verfassungsrechtlichen Übernahmenorm als auch dahingehend, ob es die AEMR den allgemein anerkannten Normen und Prinzipien des Völkerrechts zuordnen möchte. Auch im Beutekunsturteil des Verfassungsgerichtes vom 20. 07. 1999 wird die AEMR in direktem Zusammenhang mit den allgemein anerkannten Prinzipien und Normen des Völkerrechts erwähnt, ohne dass eine Festlegung bezüglich der Rechtsnatur dieser Erklärung erfolgt.[224] Da die Rechtsnatur der AEMR noch immer umstritten ist[225], können aus der blossen Erwähnung in den genannten Urteilen keine zweifelsfreien Rückschlüsse gezogen werden.

Verbindlichkeit für alle Staaten wird nicht verlangt. Eine hinreichend repräsentative Mehrheit von Staaten, die das allgemeine Völkergewohnheitsrecht (worunter stillschweigend das universelle Völkerrecht verstanden wird) anwenden und weiterentwickeln reicht aus.[226] Die Ausschließlichkeit des Verständnisses von allgemeinen Normen und Prinzipien des Völkerrechts als vertragliche Normen, wie es beim Obersten Gericht der Russländischen Föderation zu finden ist[227], wird von der Lehre in Frage gestellt unter Hinweis

Ziffer 3, in: SZRF, 21/1996, Art. 2579; deutsche Übersetzung von Hartwig und Beknazar in: EuGRZ, 17-18/1997, S. 410-413.

224 Postanovlenie Konstitucionnogo Suda Rossijskoj Federacii (Beschluss des Verfassungsgerichtes der Russländischen Föderation) vom 20. 07. 1999 ("Beutekunsturteil"), Ziffer 6; deutsche Übersetzung von Hartwig in: EuGRZ, 19-20/1999, S. 589-600.

225 Das Meinungsspektrum reicht von völkerrechtlicher Unverbindlichkeit über Völkergewohnheitsrecht bis zur Annahme von ius cogens, siehe die Nachweise bei: Hailbronner, Kay: Der Staat und der Einzelne als Völkerrechtssubjekte, in: Vitzthum, Wolfgang Graf, Hg.: Völkerrecht. Bearbeitet von Bothe, Michael / Hailbronner, Kay / Klein, Eckart / Kunig, Philip / Schröder, Meinhard / Vitzthum, Wolfgang. – Berlin, New York: de Gruyter, 1997, S. 181-266, Rn. 205.

226 Lukašuk, Das neue russische Gesetz über internationale Verträge und das Völkerrecht, S. 184; Lukašuk, Primenenie norm meždunarodnogo prava v svete federal'nogo zakona o meždunarodnych dogovorach Rossii, S. 48.

227 Postanovlenie No. 8 plenuma Verchovnogo Suda RF (russ.: Beschluss Nr. 8 des Obersten Gerichts der Russländischen Föderation) vom 31. 10. 1995, Ziffer 5 in:

darauf, dass erstens die vertragliche Verankerung allein noch nichts aussagt über die Allgemeinheit einer Norm und es zweitens auch allgemeine Normen geben kann, die nicht in einem Vertrag niedergelegt sind.[228]

cc) Allgemeine Rechtsgrundsätze

Ob die allgemeinen Rechtsgrundsätze zu den allgemein anerkannten Prinzipien und Normen des Völkerrechts im Sinne des Art. 15 IV 1 VerfRF gehören ist ebenfalls umstritten. Nach wohl überwiegender Meinung sollen sie aber als allgemeine Grundsätze des Völkerrechts, die sowohl das Völkergewohnheitsrecht als auch die allgemeinen Rechtsgrundsätze umfassen[229], eingeschlossen sein.

Ausserdem findet sich dafür auch im Verfassungswortlaut ein Anhaltspunkt. Die Verfassung selbst unterscheidet in Art. 15 IV VerfRF zwischen *Normen* einerseits und *Prinzipien* andererseits.[230] In Art. 67 II VerfRF ist demgegenüber nur von *Normen* des Völkerrechts die Rede: "Die Russländische Föderation verfügt in Übereinstimmung mit ... den Normen[231] des Völkerrechts auf dem Kontinentalschelf ... über exklusive Rechte und übt die Rechtshoheit aus." Was ist daraus auf die Begriffsbestimmung für die allgemein anerkannten Prinzipien und Normen des Völkerrechts im Sinne des Art. 15 IV VerfRF zu schließen?

Žilin, Kommentarij Konstitucii Rossijskoj Federacii, S. 55ff; auch in: Rossijskaja gazeta, 28.12.1995, S. 6.

228 Lukašuk, Das neue russische Gesetz über internationale Verträge und das Völkerrecht, S. 184; Lukašuk, Primenenie norm meždunarodnogo prava v svete federal'nogo zakona o meždunarodnych dogovorach Rossii, S. 48.

229 Danilenko, The new Russian Constitution and International Law, S. 465; Danilenko, Primenenie meždunarodnogo prava vo vnutrennej pravovoj sisteme Rossii: praktika Konstitucionnogo Suda, S. 117f; Talalaev, Sootnošenie meždunarodnogo i vnutrigosudarstvennogo prava i Konstitucija Rossijskoj Federacii, S. 6; etwas unscharf, im Ergebnis aber wohl auch so: Tiunov, Konstitucionnyj Sud Rossijskoj Federacii i meždunarodnoe pravo, S. 180f.

230 Siehe dazu auch Giesecke, Die auswärtige Gewalt in der Russischen Föderation und die Rolle des Völkerrechts in der russländischen Rechtsordnung, S. 228.

231 Hier sind wohl die allgemein anerkannten Normen des Völkerrechts gemeint.

Internationale Normen zur Regelung der Nutzung des Kontinentalschelfes gehören nicht zu den allgemeinen Rechtsgrundsätzen im Völkerrecht.[232] Damit kann für den Terminus "allgemein anerkannte Normen des Völkerrechts" zunächst ausgeschlossen werden, dass damit allgemeine Rechtsgrundsätze gemeint sein sollen. Vielmehr kommt eine Subsumierung unter den Begriff des Völkergewohnheitsrechts in Betracht: Der Festlandsockel, auch Kontinentalschelf[233] genannt, unterliegt nicht der ausschließlichen Hoheitsmacht eines Anliegerstaates.[234] Seine Nutzung und die Rechtsausübung über ihn sind im Seerechtsübereinkommen der Vereinten Nationen vom 10. 12. 1982[235] niedergelegt: 76 I VerfRF definiert den Festlandsockel eines Küstenstaates und die Art. 77 ff VerfRF legen die Nutzungsmöglichkeiten fest. Das Seerechtsübereinkommen wiederum enthält vorwiegend Bestimmungen, die sich aus dem Völkergewohnheitsrecht herleiten[236], es stellt also die vertragliche Kodifizierung von Völkergewohnheitsrecht dar und kann auf Grund seines völkergewohnheitsrechtlichen Charakters auch für diejenigen Staaten als verbindlich angesehen werden, die das Übereinkommen bisher nicht ratifiziert haben.[237] Ob Russland dieses Übereinkommens ratifiziert hat, kann dahingestellt bleiben, da die Bestimmungen des Seerechtsübereinkommens über den Festlandsockel auf jeden Fall für Russland gelten, entweder als vertraglich kodifiziertes Völkergewohnheitsrecht oder direkt als Völkergewohnheitsrecht. Die hier interessierenden Vorschriften haben zumindest völkergewohnheitsrechtlichen Ursprung.

232 Wie sich aus den folgenden Literaturstellen im Umkehrschluss folgern lässt: Ipsen, Völkerrecht, vor § 51, Rn. 14; Doehring, Völkerrecht, Rn. 517; Schröder, Meinhard, Verantwortlichkeit, Völkerstrafrecht, Streitbeilegung und Sanktionen, Rn. 55.

233 Schröder, Meinhard, Verantwortlichkeit, Völkerstrafrecht, Streitbeilegung und Sanktionen, Rn. 53.

234 Doehring, Völkerrecht, Rn. 519.

235 BGBl. 1994 II, S. 1799ff; es trat am 16. 11. 1994 in Kraft: Schröder, Meinhard, Verantwortlichkeit, Völkerstrafrecht, Streitbeilegung und Sanktionen, Rn. 38.

236 Ipsen, Völkerrecht, vor § 51, Rn. 14; Doehring, Völkerrecht, Rn. 517; Schröder, Meinhard, Verantwortlichkeit, Völkerstrafrecht, Streitbeilegung und Sanktionen, Rn. 55.

237 Dies gilt nicht für das Tiefseebergbaurecht, da es eine vollkommene Neukreation darstellt, Doehring, Völkerrecht, Rn. 517.

Damit ergibt sich, dass mit den allgemein anerkannten Normen des Völkerrechts in Art. 67 II VerfRF Völkergewohnheitsrecht gemeint ist. Die Formulierung des Art. 15 IV VerfRF, "allgemein anerkannte Prinzipien und Normen des Völkerrechts", wiederum ist mit der Erwähnung der Prinzipien deutlich weiter gefasst und lässt daher den Schluss zu, dass hier sowohl das Völkergewohnheitsrecht als auch die allgemeinen Rechtsgrundsätze gemeint sind.[238]

Der immer wieder hervorgehobenen Völkerrechtsfreundlichkeit der Verfassung[239], die sich in diesem Punkt bewusst unterscheiden soll von den vorherigen sowjetischen Verfassungen, wird damit Rechnung getragen.

d) Notwendigkeit der Anerkennung durch Russland

Ob nur die von Russland anerkannten Prinzipien und Normen von Art. 15 IV VerfRF erfasst werden, ist umstritten. Die überwiegende Lehre möchte nur die von der Russländischen Föderation anerkannten völkergewohnheitsrechtlichen Normen darunter subsumieren.[240] Eine andere Begriffsbestimmung ist noch enger gefasst und will nur die Normen und Prinzipien Anwendung finden lassen, auf die die russländische Gesetzgebung direkt verweist und die von Russland ausdrücklich anerkannt werden.[241]

238 Der Wortlaut lässt diese Schlussfolgerung zu. Vom historischen Standpunkt und aus der Rechtssprechung lassen sich keine anderen Resultate erkennen; ebenso Giesecke, Die auswärtige Gewalt in der Russischen Föderation und die Rolle des Völkerrechts in der russländischen Rechtsordnung, S. 228.

239 Danilenko, The new Russian Constitution and International Law, S. 464; deutlich wird das vor allem an der häufigen Bezugnahme auf die Normen und Prinzipien des Völkerrechts und die völkerrechtlichen Verträge in verschiedenen Verfassungsnormen: Art. 15 IV, Art. 17 I, Art. 55 I, Art. 63 I, Art. 69 VerfRF.

240 Für viele: Chlestova, Sootnošenie meždunarodnogo i vnutrigosudarstvennogo prava i Konstitucija Rossijskoj Federacii, S. 23; Barcic, Meždunarodnoe pravo i pravovaja sistema Rossii, S. 64.

241 Tolstik, V. A.: Obščepriznanye prinzipy i normy meždunarodnogo prava v pravovoj sisteme Rossii (russ.: Allgemein anerkannte Prinzipien und Normen des Völkerrechts im Rechtssystem Russlands), in: Žurnal rossijskogo prava, 8/2000, S. 67-77, S. 77, der allerdings in diesem Zusammenhang nicht klar trennt zwischen der Aner-

Die Frage, ob die allgemeinen Prinzipien und Normen des Völkerrechts auch von der Russländischen Föderation anerkannt sein müssen oder ob es darauf nicht ankommen soll, beantwortet sich (scheinbar) eindeutig aus dem Wortlaut des Art. 15 IV VerfRF. Hier wird ausdrücklich auf die allgemein *anerkannten* Prinzipien und Normen des Völkerrechts verwiesen. Jedoch kann bei der Auslegung dieser Aussage nicht auf eine Vorgängervorschrift in einer vorherigen Verfassung zurückgegriffen werden, die gleiches oder anderes aussagt. Zumindest muss angenommen werden, dass die Prinzipien und Normen, denen sich Russland mit einer beharrlichen Rechtsverwahrung[242] entgegenstellt, nicht umfasst werden[243], da dies einer Bindung des entsprechenden Staates entgegensteht.[244]

Traditionell bevorzugt Russland völkerrechtliche Verträge vor dem Völkergewohnheitsrecht und den allgemeinen Rechtsgrundsätzen. Das resultiert aus der Rechtsnachfolge in die Stellung der ehemaligen Sowjetunion[245], die eine Bindung an völkergewohnheitsrechtliche Normen grundsätzlich ablehnte und konsequenterweise auch ablehnen musste, da völkergewohnheitsrechtliche Normen immer auch unter der "Mitwirkung kapitalistischer Staaten"[246] entstanden waren und damit deren innerstaatliche Geltung und Anwendung für die sozialistischen Staaten nicht in Frage kamen. Das erklärt sich aus den unterschiedlichen ideologischen Positionen, die die westlichen Staaten und die Staaten des ehemaligen, so genannten Ostblocks einnahmen. Die Geltung und Anwendung internationalen Rechts in der Sowjetunion war auf

---

kennung völkerrechtlichen Gewohnheitsrechts durch Russland und der Übernahme eines völkerrechtlichen Vertrages mittels Gesetz.

242 Auch: beharrlicher Widerspruch, "persistent objection".

243 Giesecke, Die auswärtige Gewalt in der Russischen Föderation und die Rolle des Völkerrechts in der russländischen Rechtsordnung, S. 229.

244 Ipsen, Völkerrecht, § 16, Rn. 26; Geiger, Grundgesetz und Völkerrecht, § 31 II 2; Papadimitriu, Die Stellung der allgemeinen Regeln des Völkerrechts im innerstaatlichen Recht, S. 72; Silagi, Die allgemeinen Regeln des Völkerrechts als Bezugsgegenstand in Art. 25 GG und Art. 26 EMRK, S. 641.

245 Chlestov, Meždunarodnoe pravo i Rossija, S. 52; siehe zu dieser Problematik ausführlich bei: Lukašuk, Igor' Ivanovič: Rußland als Rechtsnachfolger in völkerrechtliche Verträge der UdSSR, in: Osteuropa-Recht, 4/1993, S. 235-245.

246 Chlestov, Meždunarodnoe pravo i Rossija, S. 52f.

Grund der Bevorzugung der dualistischen Theorie sehr stark beschränkt und bezog sich nur auf wenige Vorschriften in internationalen Verträgen, die Rechtsordnung als Ganzes jedoch blieb einem entsprechenden Verfassungsprinzip zufolge gegenüber Normen des internationalen Rechts geschlossen.[247] Aus diesem historischen Hintergrund heraus erscheint es verständlich, wenn diese Haltung zumindest bis in das Jahr 1993 hineinwirkte, in der die neue Verfassung diskutiert und geschaffen wurde und das Wort "anerkannten" in Art. 15 IV 1 VerfRF aufgenommen wurde. Historisch gesehen kann dies nur bedeuten, dass nur die von der Russländischen Föderation anerkannten Normen des Völkergewohnheitsrechts und allgemeinen Rechtsgrundsätze gemeint sind.[248]

e) Zwischenergebnis

Mit der herrschenden Meinung kann davon ausgegangen werden, dass unter die Formulierung "allgemein anerkannte Prinzipien und Normen des Völkerrechts" das Völkergewohnheitsrecht fällt. Die allgemeinen Rechtsgrundsätze zählen ebenfalls dazu, wie eine Analyse des Wortlautes der Verfassung ergibt. Dieses Ergebnis wird weder historisch noch durch die Rechtsprechung widerlegt. Die teilweise vorgenomme pauschale Subsumierung der völkerrechtlichen Verträge unter die allgemein anerkannten Prinzipien und Normen muss abgelehnt werden.

---

247 Lukašuk, Das neue russische Gesetz über internationale Verträge und das Völkerrecht, S. 182; Danilenko, The new Russian Constitution and International Law, S. 458; Chlestov, Meždunarodnoe pravo i Rossija, S. 53;
Wobei jedoch nun darauf hingewiesen wird, dass es sich positiv für Russland und seine internationale Autorität auswirken wird, wenn es die internationalen Rechtsnormen anerkannt und ihnen Geltung verschafft: Chlestov, Meždunarodnoe pravo i Rossija, S. 55.

248 Außerdem wird teilweise die Meinung vertreten, dass Art. 15 IV VerfRF nicht lediglich die Prinzipien und Normen umfasst, die für Russland in einem bestimmten Zeitpunkt bindend sind, sondern auch diejenigen, die Russland zukünftig in Verträgen akzeptieren könnte: Danilenko, The new Russian Constitution and International Law, S. 465; Tiunov, Konstitucionnyj Sud Rossijskoj Federacii i meždunarodnoe pravo, S. 180.

f) Entscheidung zwischen Transformation und Adoption

Aus dem Wortlaut des Art. 15 IV VerfRF lässt sich schwer erkennen, für welche Variante sich der russländische Verfassungsgeber entscheiden wollte. Sowohl Transformation als auch Adoption wären denkbar.

Das Verfassungsgericht Russlands hat sich dazu bisher noch nicht geäußert. Es wird die Auffassung vertreten, dass sich die jetzige Verfassung vom Dualismus ab- und zum Monismus hingewendet hat.[249] Damit wäre die Transformationsmethode per se ausgeschlossen, was in der Lehre auch teilweise ausdrücklich so gesehen wird.[250]

Völkerrechtliche Normen bilden Kraft der Verfassung Russlands einen Teil der russländischen Rechtsordnung.[251] Sie werden zu einem Bestandteil der innerstaatlichen Rechtsordnung. Die allgemein anerkannten Prinzipien und Normen des Völkerrechts werden, soweit sie festgestellt wurden, nicht umgewandelt in nationales Recht, was auch nicht nötig ist, um Bestandteil der innerstaatlichen Rechtsordnung sein zu können.[252] Das spricht dafür, dass der Adoptionstheorie der Vorzug gegeben wird.

249 Chlestov, Meždunarodnoe pravo i Rossija, S. 55.

250 Birjukov, P. N.: Meždunarodnoe pravo (russ.: Völkerrecht). 2. Aufl. – Moskau: Jurist", 1999, S. 78.

251 Tiunov, Rešenija Konstitutionnogo Suda RF i meždunarodnoe pravo, S. 14; Lukašuk, Das neue russische Gesetz über internationale Verträge und das Völkerrecht, S. 188; Lukašuk, Primenenie norm meždunarodnogo prava v svete federal'nogo zakona o meždunarodnych dogovorach Rossii, S. 52.

252 Siehe dazu die Ausführungen oben im deutschen Teil unter A I 1 c) mit Nachweisen.

2. Völkerrechtliche Verträge

Vor allem in den letzten Jahren ist eine zunehmende Wechselwirkung zwischen Völkerrecht und staatlichem Recht zu beobachten und dieser Bereich des Völkerrechts nimmt auch in der Rechtswahrnehmung Russlands den bedeutendsten Platz ein. In der Rechtsanwendung durch die Gerichte der Russländischen Föderation beginnen sie, eine immer größere Rolle zu spielen. Insbesondere die obersten Gerichte Russlands[253] widmen den völkerrechtlichen Verträgen immer mehr Aufmerksamkeit.[254]

a) Verfassungsrechtliche Vorgaben

Der Wortlaut des Art. 15 IV VerfRF lässt keinen Zweifel daran, dass alle völkerrechtlichen Verträge, denen Russland als Mitgliedsstaat angehört[255], einen integralen Teil der russländischen Rechtsordnung darstellen.[256]
Dies gilt für das gesamte Staatsgebiet Russlands und alle einschlägigen Fälle, unabhängig davon, ob es sich um rechtsanwendende Organe des Bundes oder der Subjekte der Russländischen Föderation handelt.[257] Zweck dieser

253 Das Oberste Gericht, das Höchste Wirtschaftsgericht und das Verfassungsgericht – siehe dazu die Erläuterungen in Fußnote 212.

254 Zimnenko, Meždunarodnye dogovory v sudebnoj sisteme Rossijskoj Federacii, S. 121.

255 Russland übernahm als Rechtsnachfolger der UdSSR die Verpflichtungen aus den Verträgen, denen die UdSSR als Mitgliedstaat angehörte. Die UdSSR war, nach Angaben des Außenministeriums Russlands, Mitgliedstaat bei über 16.000 Verträgen: Lukašuk, Rußland als Rechtsnachfolger in völkerrechtliche Verträge der UdSSR, S. 235 und S. 240f; Lukashuk, Russia's Conception of International Law, S. 1 und S. 8.

256 Russländische Föderation: Contribution of the delegation of the Federation of Russia, in: Council of Europe, Hg.: The judge and international law. Multilateral meeting, Bucharest, 28-30 November 1995. – Strasbourg: Council of Europe Publishing, September 1998, S. 55-59, S. 52.

257 Chlestov, Meždunarodnoe pravo i Rossija, S. 57.

Regelung ist die Vervollkommnung der russländischen Gesetzgebung und deren Vereinbarkeit mit den völkerrechtlichen Normen.[258]

Eine Definition des Begriffes "völkerrechtlicher Vertrag" findet sich zwar in der Verfassung nicht[259], das Verständnis dieses Begriffes in der Russländischen Föderation entspricht aber durchaus den internationalen Standards[260], wie aus Art. 2 Buchst. a) des Gesetzes über die internationalen Verträge der Russländischen Föderation[261] vom 21. 07. 1995 (Vertragsgesetz) ersichtlich ist.[262]
Allerdings werden, wie aus eben genanntem Artikel erkennbar, als internationale Verträge nur solche in schriftlicher Form anerkannt.

b) Ratifikationsproblem

Die Behandlung der von der Beteiligung des Parlaments erfassten Verträge ist mit dem Begriff der Ratifikation verbunden und dieser Begriff bringt spezifische, im deutschen Rechtsraum nicht bekannte Probleme mit sich. Daher soll auf diese Eigenheit kurz eingegangen werden, bevor die Beteiligung des

---

258 Talalaev, Sootnošenie meždunarodnogo i vnutrigosudarstvennogo prava i Konstitucija Rossijskoj Federacii, S. 12.

259 Talalaev, Sootnošenie meždunarodnogo i vnutrigosudarstvennogo prava i Konstitucija Rossijskoj Federacii, S. 12.

260 Zimnenko, Meždunarodnye dogovory v sudebnoj sisteme Rossijskoj Federacii, S. 110.

261 Veröffentlicht in SZRF 1995, Nr. 29, Art. 2757; englische Übersetzung in: International Legal Materials, 34. Jg., 5/1995, S. 1370ff. Es ersetzt das "Gesetz über das Verfahren des Abschlusses, der Durchführung und der Kündigung internationaler Verträge der UdSSR" vom 06. 07. 1978 und die Regierungsverordnung betreffend Ressortverträge vom 28. 08. 1980.

262 "Internationale Verträge sind internationale Abkommen, die von der Russländischen Föderation mit einem ausländischen Staat (oder mehreren ausländischen Staaten) oder einer internationalen Organisation in schriftlicher Form geschlossen werden, die dem internationalen Recht unterliegen, unabhängig davon, ob das Abkommen in einem Dokument oder in mehreren enthalten ist und auch unabhängig davon, wie das Abkommen benannt wurde."

Parlaments selbst und die erfassten Verträge einer näheren Betrachtung unterzogen werden.

aa) Der völkerrechtliche Ratifikationsbegriff

Mit der Ratifikation als Erklärung gegenüber dem Vertragspartner[263], die innerstaatlichen Voraussetzungen des Vertragsabschlusses seien erfüllt, ist regelmäßig der zeitlich letzte Akt der Bundesgewalt, der zum völkerrechtlichen Inkrafttreten des Vertrages vorausgesetzt wird, gemeint. Mit Austausch/Hinterlegung der Ratifikationsurkunden oder dem Eintritt des vereinbarten Zeitpunktes wird der Vertrag wirksam.[264] Es kommt also nicht auf den (vorherigen) Erlass eines unter Umständen gebotenen Zustimmungsgesetzes an.[265] Völkerrechtliche Bindung und innerstaatliche Geltung können demnach auseinander fallen.

Ratifizierung im Sinne des völkerrechtlichen Vertragsrechts bedeutet, dass der Vertrag zu seiner Gültigkeit einer besonderen Hinterlegung der Vertragsurkunden durch die Vertragspartner bedarf.[266] Erst wenn die Urkunden hinterlegt sind, soll der Vertrag anwendbar sein.[267] Zum Teil wird ungenau von Ratifizierung gesprochen, wenn die Genehmigung oder Zustimmung zum Vertrag durch die nationalen Parlamente der Vertragspartner gemeint ist.[268] Diese fälschlicherweise schon als Ratifikation bezeichnete Genehmigung oder Zustimmung stellt aber hierfür nur eine Vorbedingung dar,[269] die innerstaatlicher Natur und innerstaatlicher Wirkung ist.

---

[263] Das Staatsoberhaupt erklärt, dass der völkerrechtliche Vertrag für den durch ihn vertretenen Staat bindend ist. Siehe bei: Schröder, Meinhard, Verantwortlichkeit, Völkerstrafrecht, Streitbeilegung und Sanktionen, Rn. 118.

[264] Jarass, Hans D., Kommentar zu Art. 59 Grundgesetz, Rn. 3.

[265] Kunig, Völkerrecht und staatliches Recht, Rn. 67.

[266] Erfolgt vereinbarungsgemäß an einem bestimmten Ort und in einem bestimmten Zeitraum.

[267] Doehring, Völkerrecht 1999, Rn. 337.

[268] Ebd.

[269] Seidl-Hohenveldern/Stein, Völkerrecht, Rn. 267; Verdross, Alfred: Die Quellen des universellen Völkerrechts. Eine Einführung. – Freiburg: Rombach, 1973, S. 51f.

Ob letztendlich für den Abschluss eines völkerrechtlichen Vertrages die Zustimmung des nationalen Parlamentes erforderlich ist, überlässt das Völkerrecht dem nationalen Recht. Die Staaten regeln in ihren Verfassungen selbst, ob und wann das Parlament einzuschalten ist, mit der Frage der völkerrechtlichen Ratifikation hat dies nichts zu tun.[270] Diese ist ein rein völkerrechtlicher, nach außen gerichteter Akt, der von der Genehmigung des Staatsvertrages durch das jeweilige nationale Parlament deutlich getrennt werden muss.[271]

bb) Der Ratifikationsbegriff im Gesetz über die internationalen Verträge der Russländischen Föderation[272]

Zunächst werden in Art. 15 I dieses Gesetzes die Kategorien von Verträgen aufgezählt, die einer "Ratifikation" bedürfen. Schwierigkeiten ergeben sich daraus insoweit, als der Begriff der Ratifikation in einem doppelten Sinne verwendet wird: einmal in seinem völkerrechtlichen und einmal in einem innerstaatlichen Sinn.[273]

Art. 2 Buchst. b) des Gesetzes enthält eine Legaldefinition des Begriffes Ratifikation und legt dabei ganz offensichtlich dessen völkerrechtliche Bedeutung zu Grunde, da es sich um eine Übernahme der Formulierung des Art. 2 I Buchst. b) der WVRK[274] handelt : " ... Ausdruck der Zustimmung der Russländischen Föderation, an den Vertrag gebunden zu sein".

Seine innerstaatliche Bedeutung findet sich zum Beispiel in Art. 14 des Gesetzes über die internationalen Verträge der Russländischen Föderation: "...die Ratifikation der internationalen Verträge der Russländischen Föderation soll in Übereinstimmung mit der Verfassung in der Form eines Bundesgesetzes durchgeführt werden." Die Artikel 18 und 19 des Gesetzes machen deutlich, dass hier nicht die völkerrechtliche Bedeutung des Begriffes zu

270 Doehring, Völkerrecht, Rn. 711f.

271 Verdross, Die Quellen des universellen Völkerrechts, S. 51.

272 Siehe zur Fundstelle oben Fn. 261.

273 So auch Giesecke, Die auswärtige Gewalt in der Russischen Föderation und die Rolle des Völkerrechts in der russländischen Rechtsordnung, S. 181f.

274 Wiener Vertragsrechtskonvention, auch Wiener Übereinkommen über das Recht der Verträge, vom 23. 05. 1969, BGBl 1985 II S. 926ff.

Grunde gelegt wird: gem. Art. 18 unterzeichnet der Präsident die Ratifikationsurkunde auf der Grundlage des "Ratifikations"gesetzes und Art. 19 legt den Austausch der Ratifikationsurkunden durch das Außenministerium fest. Diese Ratifikationsurkunden sind ganz eindeutig nicht identisch mit dem "Ratifikations"gesetz, welches das Parlament passiert. Es handelt sich um verschiedene Dokumente. Daraus ist die doppeldeutige Verwendung des Begriffes Ratifikation ablesbar.
Seine Ursache hat dies darin, dass die frühere Version des Vertragsgesetzes von 1978[275] nicht intensiv genug überarbeitet wurde und (daher) einige Formulierungen zu unbedacht übernommen wurden. In der damaligen Sowjetunion war die Trennung von völkerrechtlichem Vertretungsorgan und innerstaatlichem Umsetzungsorgan nicht nötig, da sich diese beiden Funktionen in ein und demselben Staatsorgan vereinigten, dem Obersten Sowjet der UdSSR.[276] Für die Staatsduma gilt dies nicht mehr.[277]

Außerdem bleibt noch anzumerken, dass die Bestimmungen in Art. 106 VerfRF und im Gesetz über die internationalen Verträge der Russländischen Föderation bezüglich der Ratifizierung bestimmter internationaler Verträge natürlich andere Völkerrechtssubjekte nicht zur Ratifizierung des Vertrages verpflichten kann – dies kann nur eine völkerrechtliche Einigung zwischen den Völkerrechtssubjekten herbeiführen. Auch daraus folgt, dass mit Ratifizierung in Art. 106 VerfRF und im Gesetz über die internationalen Verträge der Russländischen Föderation nicht die Ratifikation im völkerrechtlichen Sinne gemeint sein kann.

275 Deutsche Übersetzung in: WGO-MfOR, 1978, S. 240ff.

276 Beknazar, Tigran: Das neue Recht der völkerrechtlichen Verträge in Rußland, in: ZaöRV, 1996, S. 406-426, S. 415; Giesecke, Die auswärtige Gewalt in der Russischen Föderation und die Rolle des Völkerrechts in der russländischen Rechtsordnung, S. 181f.

277 Ebd.

c) Beteiligung des Parlaments

Eine verfassungsrechtliche Norm, die die Beteiligung des Parlaments[278] bei der Einbeziehung völkerrechtlicher Verträge explizit vorschreibt, existiert so nicht, es lässt sich lediglich aus Art. 106 VerfRF ablesen, dass die Staatsduma internationale Verträge mittels Bundesgesetz übernimmt und der Föderationsrat diese Gesetze obligatorisch erörtern muss. Für die Beteiligung des Parlaments muss zunächst vielmehr auf das Gesetz über die internationalen Verträge der Russländischen Föderation zurückgegriffen werden.[279] Art. 3 II Vertragsgesetz teilt die internationalen Verträge in drei Kategorien ein: Staatsverträge, Regierungsabkommen und Ressortverträge. Die Unterscheidung zwischen diesen Typen hat zwar organisations- und verfahrensrechtliche Folgen, das Erfordernis der parlamentarischen Mitwirkung am Vertragsschluss richtet sich jedoch nur nach dem materiellen Inhalt des jeweiligen Vertrages.[280]

Die Kompetenz des Bundes zum Abschluss völkerrechtlicher Verträge ergibt sich aus Art. 71 Buchst. j) VerfRF. Dies wird in Art. 3 I Vertragsgesetz noch einmal bekräftigt.[281] Innerhalb der Bundeskompetenzen können Bundesverfassungs-[282] und Bundesgesetze erlassen werden, Art. 76 I VerfRF.

---

278 Das Parlament wird auch Föderationsversammlung genannt (Art. 94 VerfRF) und besteht aus zwei Kammern: der Staatsduma und dem Föderationsrat, Art. 95 I VerfRF. Die Staatsduma besteht aus 450 Abgeordneten, Art. 95 III VerfRF und der Föderationsrat aus je zwei Vertretern eines Subjektes der Russländischen Föderation, Art. 95 II VerfRF. Aus den Subjekten setzt sich die Föderation zusammen, Art. 65ff VerfRF. Sie können in etwa mit den deutschen Bundesländern verglichen werden.

279 Ausführlich zum Verfahren in der Staatsduma: Giesecke, Die auswärtige Gewalt in der Russischen Föderation und die Rolle des Völkerrechts in der russländischen Rechtsordnung, S. 186ff.

280 Beknazar, Das neue Recht der völkerrechtlichen Verträge in Rußland, S. 408.

281 Jedoch haben in der Praxis auch die Subjekte der Föderation schon völkerrechtliche Verträge abgeschlossen, siehe die Nachweise bei Beknazar, Das neue Recht der völkerrechtlichen Verträge in Rußland, S. 409.

282 Bundesverfassungsgesetze sind auch Bundesgesetze, allerdings nehmen sie einen höheren Rang ein, als die Bundesgesetze. Dies resultiert aus Art. 76 III VerfRF. Sie haben aber nicht den Rang von Verfassungsnormen, wie sich auf Grund ihrer Bezeichnung vielleicht vermuten ließe, da Art. 15 I VerfRF der Verfassung die

In Art. 15 des Vertragsgesetzes sind die Arten der Verträge aufgezählt, die einer "Ratifikation" bedürfen. Daraus folgt, dass nicht alle völkerrechtlichen Verträge der Russländischen Föderation von diesem Erfordernis erfasst werden. Mit "Ratifikation" ist hier die Mitwirkung durch das Parlament in Form eines Bundesgesetzes gemeint – es muss ein förmliches Gesetzgebungsverfahren durchgeführt werden.[283] Dieses richtet sich nach Art. 104 f VerfRF, die das Gesetzesinitiativrecht und die einzelnen Schritte, Beteiligungsrechte und Mehrheiten regeln. Gemäß Art. 106 Buchst. d) VerfRF unterliegen die von der Staatsduma beschlossenen Gesetze zur Übernahme internationaler Verträge in die innerstaatliche Rechtsordnung außerdem der obligatorischen Zustimmung des Föderationsrates.

d) Von der Beteiligung des Parlaments erfasste Verträge

Art. 15 Vertragsgesetz nennt sechs Gruppen von Verträgen, die für ihre Übernahme in die russländische Rechtsordnung eines Bundesgesetzes bedürfen.

1) Verträge, deren Durchführung eine Änderung von geltenden Bundesgesetzen oder den Neuerlass von Bundesgesetzen erfordern, sowie Verträge, die von bestehendem Gesetzesrecht abweichende Regelungen enthalten (Art. 15 I Buchst. a) Vertragsgesetz),
2) Verträge, die Grundrechte und Freiheiten der Menschen und Bürger zum Inhalt haben (Art. 15 I Buchst. b) Vertragsgesetz),
3) Verträge, die das Territorium der Russländischen Föderation betreffen (Art. 15 I Buchst. c) Vertragsgesetz),
4) Verträge über die Grundlagen zwischenstaatlicher Beziehungen, Abrüstungs- und Friedensverträge, Verträge zu Fragen der Landesverteidi-

höchste Rechtskraft zuweist. Zu ihrer Verabschiedung bedarf es besonderer, in Art. 108 der Verfassung festgelegter Mehrheiten beider Parlamentskammern (Föderationsrat und Staatsduma, siehe Art. 95 VerfRF) und der Präsident kann gegen sie kein Veto einlegen, Art. 108 II 2 VerfRF. Siehe dazu auch Baglaj, Konstitucionnoe pravo Rossijskoj Federacii, S. 21f.

283 Beknazar, Das neue Recht der völkerrechtlichen Verträge in Rußland, S. 415.

gung, der internationalen und kollektiven Sicherheit und ähnliche Verträge (Art. 15 I Buchst. d) Vertragsgesetz),

5) Verträge, die die Zuweisung von Kompetenzen an supranationale Organisationen vorsehen (Art. 15 I Buchst. e) Vertragsgesetz),
6) andere Verträge, bei deren Abschluss die Vertragsparteien eine Ratifizierung vereinbart haben (Art. 15 II Vertragsgesetz).

Diese Vertragstypen sind bezüglich ihres Inhaltes und ihrer Reichweite noch nicht näher ausdifferenziert worden. Auch entsprechende Gerichtsentscheidungen sind noch nicht existent.[284]

Umfasst werden weiterhin nur völkerrechtliche Verträge, nicht andere internationale Akte wie zum Beispiel Maßnahmen der OSZE oder Resolutionen der Generalversammlung der Vereinten Nationen.[285]

e) Entscheidung zwischen Transformation und Vollzug

In der Lehre wird davon ausgegangen, dass internationale Normen zwar in die Rechtsordnung eines Landes aufgenommen werden, aber dadurch nicht ihre Verbindung zum Völkerrechtssystem verlieren. Außerdem müssen diese Normen nach den Regeln des Völkerrechts ausgelegt werden.[286] Daraus ergibt sich, dass die völkerrechtlichen Normen einem anderen System als der eigenen Rechtsordnung, dem Völkerrechtssystem, weiterhin angehören. Dies ist eindeutig eine Entscheidung für die Vollzugslehre, denn die völkerrechtlichen Verträge sollen auch dann ihre völkerrechtliche Natur behalten, nach-

---

284 Siehe aber die Ausführungen bei Giesecke, Die auswärtige Gewalt in der Russischen Föderation und die Rolle des Völkerrechts in der russländischen Rechtsordnung, S. 182ff.

285 Russländische Föderation: Contribution of the delegation of the Federation of Russia, S. 57.

286 Lukašuk, Das neue russische Gesetz über internationale Verträge und das Völkerrecht, S. 188f; Lukašuk, Primenenie norm meždunarodnogo prava v svete federal'nogo zakona o meždunarodnych dogovorach Rossii, S. 53, Lukašuk bezieht sich hier nicht ausdrücklich auf die russländische Rechtsordnung, diese ist aber wohl gemeint, da eine solche Behauptung nicht pauschal für andere Rechtsordnungen aufgestellt werden kann.; Zimnenko, Meždunarodnye dogovory v sudebnoj sisteme Rossijskoj Federacii, S. 105.

dem das Übernahmegesetz sie zum Bestandteil der russländischen Rechtsordnung gemacht hat.[287] Das Übernahmegesetz transformiert also nicht den Inhalt des Vertrages in die innerstaatliche Rechtsordnung, sondern enthält den Anwendungsbefehl. Eine entsprechende Interpretation erfährt auch Art. 15 IV VerfRF: er verleiht den völkerrechtlichen Verträgen innerstaatliche Geltung ohne das Erfordernis einer Transformation dieser Verträge in die innerstaatliche Rechtsordnung.[288]

---

287 Anders: Giesecke, Die auswärtige Gewalt in der Russischen Föderation und die Rolle des Völkerrechts in der russländischen Rechtsordnung, S. 211, die sich für die Adoption entscheidet.

288 Beknazar, Das neue Recht der völkerrechtlichen Verträge in Rußland, S. 411; Malinin, Operation of Rules of International Law in the Territory of Russia under the 1993 Constitution, S. 336; Giesecke, Die auswärtige Gewalt in der Russischen Föderation und die Rolle des Völkerrechts in der russländischen Rechtsordnung, S. 211; mit Bezugnahme auf die Ausrichtung der neuen Verfassung auf die Adoption: Chlestova, Sootnošenie meždunarodnogo i vnutrigosudarstvennogo prava i Konstitucija Rossijskoj Federacii, S. 23, die aber selbst in Art. 15 IV VerfRF eine Transformationsnorm sieht, und Chlestov, Meždunarodnoe pravo i Rossija, S. 55.

II. Problem der unmittelbaren Anwendbarkeit der Normen

1. Beschränkung des Art. 15 IV 1 VerfRF auf die Übernahme unmittelbar anwendbarer allgemein anerkannter Prinzipien und Normen des Völkerrechts?

Art. 15 IV VerfRF behandelt Verträge und allgemein anerkannte Prinzipien und Normen des Völkerrechts zwar unterschiedlich, aber er differenziert nicht zwischen unmittelbar anwendbaren und nicht unmittelbar anwendbaren internationalen Prinzipien und Normen. Daher kann davon ausgegangen werden, dass eine Beschränkung auf unmittelbar anwendbare allgemein anerkannte Prinzipien und Normen nicht stattfinden soll, dass sie unabhängig davon Bestandteil der russländischen Rechtsordnung sein sollen.[289]

2. Beschränkung des Art. 15 IV 1 VerfRF auf die Übernahme unmittelbar anwendbarer Vertragsbestimmungen?

Dem Wortlaut des Art. 15 IV 1 VerfRF ist nicht zu entnehmen, dass nur unmittelbar anwendbare Vertragsbestimmungen Bestandteil der russländischen Rechtsordnung sein sollen. Wie auch bei den eben erwähnten Prinzipien und Normen des Völkerrechts, differenziert er nicht zwischen unmittelbar anwendbaren und nicht unmittelbar anwendbaren vertraglichen Normen. Damit werden die Verträge in ihrer Gesamtheit Bestandteil der russländischen Rechtsordnung.

---

289 So auch Danilenko, The new Russian Constitution and International Law, S. 465.

III. Offizielle Bekanntmachung als Voraussetzung der Anwendbarkeit von Verträgen

Die Verfassung sagt explizit nichts aus über die offizielle Bekanntmachung als Voraussetzung der Anwendbarkeit von Verträgen. Das erstaunt aber im Hinblick auf das Erfordernis der Bekanntmachung von Gesetzen in Art. 15 III VerfRF: Alle Gesetze bedürfen der offiziellen Bekanntmachung, Art. 15 III 1 VerfRF, ansonsten werden sie nicht angewendet, Art. 15 III 2 VerfRF.[290] Die von der Verfassung nicht erwähnten Anforderungen an die Verträge werden im Bundesgesetz vom 21. 07. 1995 "Über die internationalen Verträge der Russländischen Föderation" geregelt,[291] dem sich Entsprechendes auch entnehmen lässt.[292] Dessen Art. 5 III geht bei der Festlegung, welche vertraglichen Vorschriften in Russland unmittelbar anwendbar sein sollen, nur von offiziell bekanntgemachten Verträgen aus.

290 *Danilenko* hält solch eine Bekanntmachung für erforderlich: Danilenko, The new Russian Constitution and International Law, S. 456.

291 Vereshchetin, New Constitutions and the old Problem of the Relationship between International Law and National Law, S. 34.

292 Veröffentlichung: siehe den Nachweis in Fn. 261. Außerdem in: Rossijskaja Gazeta, 21. 07. 1995, S. 5f.

C. Rang des internationalen Rechts in der russländischen Rechtsordnung

Russland hat mit der neuen Verfassung den Vorrang des internationalen Rechts vor dem innerstaatlichen Recht anerkannt.[293] Wie sich dieser Vorrang gestaltet und ob er auch die Verfassung mit einbezieht, ist im Folgenden zu klären.

I. Rang des Völkergewohnheitsrechtes und der allgemeinen Rechtsgrundsätze

Durch Art. 15 IV 1 VerfRF werden die allgemein anerkannten Prinzipien und Normen des Völkerrechts in die innerstaatliche Rechtsordnung Russlands übernommen. Eine ausdrückliche Rangzuweisung erfolgt nicht. Die hierarchische Stellung dieser völkerrechtlichen Normen ist sehr umstritten, es werden so gut wie alle Möglichkeiten vertreten.

1. Rang gleich den Bundesgesetzen

Zum einen wird vertreten, dass die allgemein anerkannten Prinzipien und Normen des Völkerrechts auf keinen Fall von Art. 15 IV VerfRF einen Rang gleich dem Rang der völkerrechtlichen Verträge zugewiesen bekommen, also ein Rang zwischen der Verfassung und den Gesetzen nicht in Frage kommt.[294] Etwas anderes soll nur gelten, wenn die Prinzipien und Normen in internationalen Verträgen niedergelegt sind und somit den Rang des Vertrages mit übernehmen können.[295] Diese Meinung kann überzeugen, da eine

293 Chlestov, Meždunarodnoe pravo i Rossija, S. 55.

294 Danilenko, The new Russian Constitution and International Law, S. 465.

295 Russländische Föderation: Contribution of the delegation of the Federation of Russia, S. 57.

ausdrückliche Rangzuweisung bezüglich der internationalen Verträge in Art. 15 IV 2 VerfRF zu finden ist, wie unten noch zu zeigen sein wird.[296] Wäre dieser Rang auch für die allgemein anerkannten Prinzipien und Normen des Völkerrechts gewollt gewesen, dann hätte eine entsprechenden Formulierung Eingang in die Verfassung gefunden. Ein Rang zwischen Verfassung und Gesetzen kann also für diese Prinzipien und Normen nicht in Frage kommen, vielmehr nehmen sie einen Platz auf der Ebene der Bundesgesetze ein.

2. Rang zwischen den Bundesgesetzen und der Verfassung

In der Lehre wird den allgemein anerkannten Normen und Prinzipien des Völkerrechts teilweise für den Fall eines Widerspruches zwischen den Gesetzen und der jeweiligen völkerrechtlichen Norm Vorrang vor den Gesetzen eingeräumt.[297] Eine Einordnung der allgemein anerkannten Prinzipien und Normen des Völkerrechts zwischen der Verfassung und den Bundesgesetzen ist jedoch fragwürdig, da eine solche nicht ausdrücklich in der Verfassung niedergelegt wurde und auch aus den unten genannten Entscheidungen des Verfassungsgerichtes nicht hervorgeht.[298] Für die internationalen Verträge ge-

296 A. A. Giesecke, Die auswärtige Gewalt in der Russischen Föderation und die Rolle des Völkerrechts in der russländischen Rechtsordnung, S. 232f.

297 Tiunov, Konstitucionnyj Sud Rossijskoj Federacii i meždunarodnoe pravo, S. 181; Oksamytnyj, V.V./Rachmanina, T.N.: Kommentrierungen zur Art. 15 VerfRF, in: Okun'kov, L. A., Hg.: Kommentarij k Konstitucii Rossijskoj Federacii (russ.: Kommentar zur Verfassung der Russländischen Föderation) 2. Aufl. – Moskau: BEK 1996, S. 58-63, S. 62 (Art. 15) – in der Auflage von 2002 fehlt eine solche eindeutoige Aussage allerdings; Četvernin, V. A.: Konstitucija Rossijskoj Federacii – problemnyi kommentarij (russ.: Verfassung der Russländischen Föderation – problemorientierte Kommentierungen). – Moskau: o. Vlg. 1997, S. 53; Chlestov, Meždunarodnoe pravo i Rossija, S. 55; siehe dazu auch Giesecke, Die auswärtige Gewalt in der Russischen Föderation und die Rolle des Völkerrechts in der russländischen Rechtsordnung, S. 230ff.

298 A. A. Giesecke, Die auswärtige Gewalt in der Russischen Föderation und die Rolle des Völkerrechts in der russländischen Rechtsordnung, S. 230.

schah eine Rangeinordnung gleichwohl, wie unten zu zeigen sein wird. Daher ist die Einordnung zwischen den Gesetzen und der Verfassung abzulehnen.

3. Rang gleich der Verfassung

Das Verfassungsgericht unterscheidet nicht strikt zwischen den allgemein anerkannten Prinzipien und Normen des Völkerrechts und den völkervertraglichen Normen. Im Streikverbotsfall[299] und im Tschetschenienfall[300] befasste sich das Verfassungsgericht erstmals mit den völkerrechtlichen Verpflichtungen Russlands und hebt hervor, dass die Russländische Föderation an ihre völkerrechtlichen Verträge und die allgemein anerkannten Prinzipien und Normen gebunden ist. In der Entscheidung zum tschuwaschischen Wahlrecht[301] lässt das Gericht erkennen, dass die völkerrechtlichen Normen im Rang nicht über der Verfassung stehen können. Dies geschieht nicht ausdrücklich, sondern durch eine Wortumstellung bei der Zitierung einer Verfassungsvorschrift[302]: das Gericht stellt fest, dass die Grundrechte in Russland gemäß der Verfassung und den Normen des internationalen Rechts gewährleistet werden. In Art. 17 I VerfRF hingegen, auf den sich das Verfassungs-

---

299 Postanovlenie Konstitucionnogo Suda Rossijskoj Federacii (Beschluss des Verfassungsgerichtes der Russländischen Föderation) vom 17. 05. 1995 ("Streikverbotsfall"), Ziffer 3, in: SZRF, 21/1995, Art. 1976.

300 Postanovlenie Konstitucionnogo Suda Rossijskoj Federacii (Beschluss des Verfassungsgerichtes der Russländischen Föderation) vom 31. 07. 1995 ("Tschetschenienurteil"), Ziffer 5, in: SZRF, 33/1995, Art. 3424.

301 Postanovlenie Konstitucionnogo Suda Rossijskoj Federacii (Beschluss des Verfassungsgerichtes der Russländischen Föderation) vom 10. Juli 1995 (tschuwaschisches Wahlrecht), Ziffer 5, in: SZRF, 29/1995, Art. 2860.

302 Dass damit eine Wertung des Verfassungsgerichts hinsichtlich der Hierarchie von Verfassung und den allgemein anerkannten Prinzipien und Normen des Völkerrechts zum Ausdruck gebrachte werden soll, mutet für deutsche Juristen und Juristinnen merkwürdig an, wird aber in der russländischen Lehre ohne Probleme angenommen: Lukašuk, Das neue russische Gesetz über internationale Verträge und das Völkerrecht, S. 183; Lukašuk, Primenenie norm meždunarodnogo prava v svete federal'nogo zakona o meždunarodnych dogovorach Rossii, S. 47.

gericht bezieht, werden zuerst die allgemein anerkannten Prinzipien und Normen des Völkerrechts genannt und danach erst die Verfassung Russlands. Auf entgegenstehende Meinungen im Schrifttum geht das Verfassungsgericht nicht ein. Lukašuk kritisiert den Beschluss des Verfassungsgerichtes zum Wahlrecht in der Republik Tschuwaschien und legt Art. 17 I VerfRF dahin aus, dass jedenfalls für allgemein anerkannte Prinzipien und Normen des Völkerrechts, die sich auf Menschenrechte beziehen, dieser Artikel eine Stellung neben der Verfassung vorsieht. Sie sollen neben der Verfassung höchste Rechtskraft haben.[303] Er begründet dies mit dem Argument, dass die staatliche Rechtsordnung so beschaffen sein muss, dass sie den allgemein anerkannten Normen nicht nur nicht widerspricht, sondern auch ihre Verwirklichung fördert.[304] Jedoch kann aus der Formulierung in Art. 17 I VerfRF schwerlich geschlossen werden, dass damit eine Rangzuweisung erfolgen sollte. Vielmehr muss davon ausgegangen werden, dass es sich hier um nicht mehr als eine allgemeine politische Stellungnahme handelt.[305] Daraus folgt, dass die allgemein anerkannten Prinzipien und Normen des Völkerrechts, die sich auf Menschenrechte beziehen, von Art. 17 I VerfRF nicht einen Rang gleich der Verfassung zugewiesen bekommen.

Auch aus der neueren Entscheidung des Verfassungsgerichts Russlands zum Beutekunstgesetz vom 20. 07. 1999[306] geht hervor, dass völkerrechtli-

---

303 Lukašuk, Das neue russische Gesetz über internationale Verträge und das Völkerrecht, S. 183; Lukašuk, Primenenie norm meždunarodnogo prava v svete federal'nogo zakona o meždunarodnych dogovorach Rossii, S. 47; ausdrücklich gegen Lukašuk: Zimnenko, Meždunarodnoe pravo i rossijskoe pravo: ich sootnošenie, S. 165.

304 Lukašuk, Das neue russische Gesetz über internationale Verträge und das Völkerrecht, S. 186; Lukašuk, Primenenie norm meždunarodnogo prava v svete federal'nogo zakona o meždunarodnych dogovorach Rossii, S. 50.

305 Danilenko, G. M.: Kommentar zu Art. 15 VerfRF, in: Topornin, B.N., Hg.: Konstitucija Rossijskoj Federacii, Naučno-praktičeskij kommentarii (russ.: Die Verfassung der Russländischen Föderation, wissenschaftlich-praktischer Kommentar). – Moskau: Jurist", 1997, S. 161.

306 Postanovlenie Konstitucionnogo Suda Rossijskoj Federacii (Beschluss des Verfassungsgerichtes der Russländischen Föderation) vom 20. 07. 1999 ("Beutekunstur-

che Normen in der Hierarchie nicht über der Verfassung anzusiedeln sind. Es nennt hier aber sowohl die Allgemeine Erklärung der Menschenrechte als auch die Europäische Menschenrechtskonvention, ohne zwischen beiden zu differenzieren. Das wiederum erschwert die Einordnung, welche völkerrechtlichen Normen vom Verfassungsgericht welchen Rechtsquellen des Völkerrechts zugeordnet werden.

Den oben genannten Entscheidungen ist, auch wenn dies nicht explizit gesagt wird, ebenfalls zu entnehmen, dass die völkerrechtlichen Normen nicht neben der Verfassung stehen sollen. Die Verfassung stellt in den Augen des Verfassungsgerichtes die höchste Rechtsnorm in der Rechtsordnung Russlands dar.[307] Daher kann auch die Meinung nicht überzeugen, die die allgemein anerkannten Prinzipien und Normen des Völkerrechts über der Verfassung einordnen möchte.[308]

4. Zwischenergebnis

Völkergewohnheitsrecht und allgemeine Rechtsgrundsätze nehmen in der russländischen Rechtsordnung einen Rang gleich dem der Bundesgesetze ein, denn die Verfassung genießt höchste Autorität vor allen anderen Rechtsnormen und ein Rang zwischen der Verfassung und den Gesetzen ist auf Grund des Wortlautes des Art. 15 IV 2 VerfRF ausgeschlossen.

---

teil"), Ziffer 6; deutsche Übersetzung von Hartwig in: EuGRZ, 19-20/1999, S. 589-600.

307 Postanovlenie Konstitucionnogo Suda Rossijskoj Federacii (Beschluss des Verfassungsgerichtes der Russländischen Föderation) vom 10. 07. 1995 (tschuwaschisches Wahlrecht), Ziffer 5, in: SZRF, 29/1995, Art. 2860; Postanovlenie Konstitucionnogo Suda Rossijskoj Federacii (Beschluss des Verfassungsgerichtes der Russländischen Föderation) vom 20. 07. 1999 ("Beutekunsturteil"), Ziffer 6.

308 So aber vertreten von Andrianov, V. I.: in: Morozova, L. A., Rossijskaja pravovaja sistema i meždunarodnoe pravo: sovremennye problemy vzaimodejstvija (russ.: Russländisches Rechtssystem und Völkerrecht: aktuelle Probleme der Wechselwirkung): Gosudarstvo i pravo, 3/1996, S. 6-7, S. 7.

II. Rang der völkerrechtlichen Verträge

1. Einordnung völkerrechtlicher Verträge in die russländische Rechtsordnung

a) Vorrang vor den Bundesgesetzen

Völkerrechtliche Verträge gehen entgegenstehenden gesetzlichen Regelungen vor.[309] Es kommt nicht darauf an, ob die entgegenstehende Regelung vor oder nach dem Vertrag erlassen wurde, denn der Vertrag ist insoweit *lex specialis*, wie sich aus 15 IV VerfRF entnehmen lässt. Die allgemeine Regel *lex posterior derogat legi anteriori* kommt hier nicht zur Anwendung.[310] Ebenfalls unerheblich soll sein, ob der Vertrag vor Inkrafttreten der Verfassung 1993 abgeschlossen wurde oder danach.[311]

Da die völkerrechtlichen Verträge den Bundesgesetzen vorgehen, gehen sie damit unproblematisch auch den gesetzlichen Normen der Subjekte der Russländischen Föderation vor.[312]

---

309 Für viele: Tiunov, Konstitucionnyj Sud Rossijskoj Federacii i meždunarodnoe pravo, S. 181; Polenina, in: Morozova, L. A., Rossijskaja pravovaja sistema i meždunarodnoe pravo: sovremennye problemy vzaimodejstvija, S. 4; Barcic, Meždunarodnoe pravo i pravovaja sistema Rossii, S. 64; Četvernin, Konstitucija Rossijskoj Federacii – problemnyi kommentarij, S. 54; Nußberger, Angelika: Die Entwicklung des russischen Rechts im Zeichen von Rechts- und Sozialstaatsprinzip, in: Jahrbuch des Öffentlichen Rechts der Gegenwart (JÖR), Neue Folge, 1998, S. 105-122, S. 109.

310 Giesecke, Die auswärtige Gewalt in der Russischen Föderation und die Rolle des Völkerrechts in der russländischen Rechtsordnung, S. 211f.

311 Tiunov, Konstitucionnyj Sud Rossijskoj Federacii i meždunarodnoe pravo, S. 182; Birjukov, Meždunarodnoe pravo, S. 82.

312 Das Verfassungsgericht der Russländischen Föderation befasste sich mit dieser Problematik im Urteil zum tschuwaschischen Wahlrecht: SZRF, 29/1995, Art. 2860.

b) Vorrang auch vor den Bundesverfassungsgesetzen?

Problematisch ist, ob die völkerrechtlichen Verträge nur den Bundesgesetzen oder auch den Bundesverfassungsgesetzen[313] vorgehen. Einerseits wird dies abgelehnt mit Hinweis auf die Wortwahl in Art. 15 IV VerfRF. Es ist dort eben nur von Gesetzen die Rede und nicht von Verfassungsgesetzen, welche aber wiederum an anderer Stelle in der Verfassung ausdrücklich als solche bezeichnet werden[314]: wie z.B. in Art. 56 I, II, 66 V, 76 I, III VerfRF.

Allerdings werden auch die Bundesgesetze in anderen Artikeln der Verfassung ausdrücklich als solche bezeichnet,[315] und in Art. 76 III VerfRF wird explizit festgelegt, dass Bundesgesetze den Bundesverfassungsgesetzen nicht widersprechen dürfen. Eine begriffliche Trennung findet also deutlich statt. Das legt die Vermutung nahe, dass mit dem Begriff "Gesetze" in Art. 15 IV VerfRF, der auf die in anderen Artikeln der Verfassung verwendete begriffliche Trennung verzichtet, doch beide Arten von Gesetzen, also Bundesgesetze *und* Bundesverfassungsgesetze, gemeint sein sollen. Weiterhin wird auch in Art. 15 I VerfRF von "Gesetzen" gesprochen. Sie dürfen der Verfassung nicht widersprechen. Dass dies nur für die Bundesgesetze gelten soll, nicht aber für die Bundesverfassungsgesetze, diese also der Verfassung widersprechen könnten, kann durch die Wortwahl des Art. 15 I VerfRF nicht gemeint sein. Gesetze im Sinne des Art. 15 IV VerfRF sind demnach sowohl die Bundesgesetze als auch die Bundesverfassungsgesetze. Die völkerrechtlichen Verträge gehen also beiden Kategorien vor.[316]

---

313 Siehe die Begriffserläuterung oben unter A I 2 c).

314 Danilenko, The new Russian Constitution and International Law, S. 466.

315 Z. B. Art. 20 II, 25, 29 IV, 36 III, 37 III-V, 41 III, 47 II, 49 I, 51 I, II, 59 III, 62 I-III, 63 II, 66 IV, 67 II, 71 a), 75 III, IV, 76 II, III VerfRF.

316 Anders: Giesecke, Die auswärtige Gewalt in der Russischen Föderation und die Rolle des Völkerrechts in der russländischen Rechtsordnung, S. 214.
Dort wo lediglich von Gesetzen die Rede ist, könnten auch sowohl Bundes- als auch Landesgesetze gemeint sein; die Begriffe Bundesgesetze und Bundesverfassungsgesetze würden dann lediglich eine Abgrenzung zu den Landesgesetzen darstellen – das würde aber auch nichts daran ändern, dass mit Gesetzen dann neben den Landes- auch alle Bundesgesetze gemeint sind, also sowohl Bundesgesetze als auch Bundesverfassungsgesetze.

c) Vorrang vor den allgemein anerkannten Prinzipien und Normen des Völkerrechts

Sowohl die allgemein anerkannten Prinzipien und Normen des Völkerrechts als auch die völkerrechtlichen Verträge der Russländischen Föderation werden durch Art. 15 IV VerfRF in die russländische Rechtsordnung übernommen, jedoch nur die Vertragsnormen werden als fähig angesehen und genannt, im Konfliktfalle gesetzliche Normen zu verdrängen.[317]

Somit nehmen die Normen völkerrechtlicher Verträge einen höheren Rang in der russländischen Rechtsordnung ein als die allgemein anerkannten Prinzipien und Normen des Völkerrechts, was sowohl mit der traditionell "argwöhnischen" Herangehensweise der sowjetischen und russländischen Rechtsdoktrin in Bezug auf gewohnheitsrechtliche Normen des Völkerrechts erklärt werden kann als auch mit den praktischen Schwierigkeiten, die sich auftun, wenn die Existenz solcher Normen festgestellt werden soll.[318]

Lediglich bezüglich der Standards der Menschenrechte, die sich bis jetzt herausgebildet haben, besteht noch Unsicherheit, inwieweit sie unabhängig von ihrem völkergewohnheitsrechtlichen oder völkervertraglichen Ursprung Vorrang vor den russländischen Bundesgesetzen genießen sollen. Eine entsprechende Entscheidung des Verfassungsgerichtes liegt noch nicht vor.

Es wird im Schrifttum aber die Frage aufgeworfen, ob allgemein anerkannte Prinzipien und Normen des Völkerrechts, die sich mit den Menschenrechten

---

317 So auch: Vereshchetin, New Constitutions and the old Problem of the Relationship between International Law and National Law, S. 37; anders wohl Tiunov, Konstitucionnyj Sud Rossijskoj Federacii i meždunarodnoe pravo, S. 181.

318 Anders Lukašuk, der die völkerrechtlichen Verträge mit den allgemein anerkannten Prinzipien und Normen des Völkerrechts auf eine Stufe stellen möchte. Er leitet dies aus Teil 2 der Präambel zum Gesetz über die internationalen Verträge der Russländischen Föderation her: Lukashuk, Russia's Conception of International Law, S. 18. Der Präambel ist dies allerdings nicht zu entnehmen. Sie stellt lediglich fest, dass "die internationalen Verträge der Russländischen Föderation, neben den allgemein anerkannten Prinzipien und Normen des Völkerrechts ... Bestandteile ihres Rechtssystems" sind. Daraus eine Rangzuweisung abzuleiten, die noch dazu in der Verfassung keinen Rückhalt findet, bewertet die Präambel des Gesetzes über.

befassen, einen höheren hierarchischen Rang einnehmen, als die anderen, in Art. 15 IV VerfRF genannten, allgemein anerkannte Prinzipien und Normen des Völkerrechts.[319] Sie sollen damit auch Vorrang vor den Gesetzen der Russländischen Föderation genießen können, was aus Art. 17 I VerfRF hergeleitet wird[320], der besagt, dass die Rechte und Freiheiten des Menschen und des Bürgers in Übereinstimmung mit den allgemein anerkannten Prinzipien und Normen des Völkerrechts anerkannt und garantiert werden.

d) Vorrang vor der Verfassung

Die völkerrechtlichen Verträge genießen nach der überwiegenden Meinung keinen Vorrang vor der Verfassung.[321] Auch die Gerichte der Russländischen Föderation haben bis jetzt keine gegenteilige Entscheidung getroffen.[322] Der

---

319 Danilenko, The new Russian Constitution and International Law, S. 467.

320 Vereshchetin, New Constitutions and the old Problem of the Relationship between International Law and National Law, S. 37; Lukašuk, Das neue russische Gesetz über internationale Verträge und das Völkerrecht, S. 183.

321 Danilenko, The new Russian Constitution and International Law, S. 465; Tiunov, Konstitucionnyj Sud Rossijskoj Federacii i meždunarodnoe pravo, S. 181; Talalaev, Sootnošenie meždunarodnogo i vnutrigosudarstvennogo prava i Konstitucija Rossijskoj Federacii, S. 13; Russländische Föderation: Contribution of the delegation of the Federation of Russia, S. 57; Chlestova, Sootnošenie meždunarodnogo i vnutrigosudarstvennogo prava i Konstitucija Rossijskoj Federacii, S. 24; Maročkin, Sootnošenie juridičeskoj sily norm meždunarodnogo i vnutrigosudarstvennogo prava v pravovoj sisteme Rossijskoj Federacii, S. 45; Tumanov, V. A.: in: Morozova, L. A., Rossijskaja pravovaja sistema i meždunarodnoe pravo: sovremennye problemy vzaimodejstvija (russ.: Russländisches Rechtssystem und Völkerrecht: aktuelle Probleme der Wechselwirkung), in: Gosudarstvo i pravo, 2/1996, S. 3-4, S. 4; Baglaj, Konstitucionnoe pravo Rossijskoj Federacii, S. 24; Barcic, Meždunarodnoe pravo i pravovaja sistema Rossii, S. 64; Birjukov, Meždunarodnoe pravo, S. 82; Zimnenko, Meždunarodnye dogovory v sudebnoj sisteme Rossijskoj Federacii, S. 116f; a. A. Tolstik, V. A.: in: Morozova, L. A., Rossijskaja pravovaja sistema i meždunarodnoe pravo: sovremennye problemy vzaimodejstvija (russ.: Russländisches Rechtssystem und Völkerrecht: aktuelle Probleme der Wechselwirkung), in: Gosudarstvo i pravo, 2/1996, S. 7-9, S. 7.

322 Danilenko, Implementation of International Law in CIS States, S. 64.

Wortlaut des Art. 15 IV 2 VerfRF in Verbindung mit den Art. 15 I, 125 VI und 125 II Buchst. d) VerfRF ist insoweit auch eindeutig. Zum einen genießt die Verfassung Russlands rechtlichen Vorrang, wie sich Art. 15 I VerfRF entnehmen lässt. Zum anderen spricht Art. 15 IV 2 VerfRF von einem Vorrang der völkerrechtlichen Verträge vor den *Gesetzen*. Sinnvollerweise kann hier nur von Gesetzen mit Unterverfassungsrang ausgegangen werden, da zum einen die Formulierung des Art. 15 IV VerfRF anders ausgefallen wäre, hätte das verfassungsgebende Gremium einen Vorrang dieser Verträge vor der Verfassung beabsichtigt: statt auf "Gesetze" wäre die Wortwahl auf "Grundgesetz" oder "Verfassung" gefallen.[323] Außerdem würde bei dieser Auslegung ein Wertungswiderspruch zu Art. 15 I VerfRF entstehen, der vom Verfassungsgeber nicht gewollt sein kann.

e) Zwischenergebnis

Die völkerrechtlichen Verträge nehmen in Russland nach der herrschenden Meinung den Rang zwischen den Gesetzen und der Verfassung ein. Dieser Vorrang gilt sowohl bezüglich der Bundesgesetze und Bundesverfassungsgesetze als auch bezüglich der Normen des Völkergewohnheitsrechts und der allgemeinen Rechtsgrundsätze.

323 Zimnenko, Meždunarodnye dogovory v sudebnoj sisteme Rossijskoj Federacii, S. 116, begründet diese Position unter anderem damit, dass Verfassung entgegen der früheren Tradition heute in Russland eben nicht mehr als Grundgesetz bezeichnet wird.

2. Vorrang nur für die "ratifizierten" Verträge der Russländischen Föderation?

Entgegen Art. 3 IV des Entwurfs für eine neue Verfassung Russlands vom 03. 05. 1993[324], den die Verfassungskommission der Staatsduma vorlegte, wurde in der Schlussversion für eine neue Verfassung in Art. 15 IV VerfRF nicht mehr von "internationalen Verträgen, die von der Russländischen Föderation ratifiziert wurden", sondern nur noch von "internationalen Verträgen der Russländischen Föderation" gesprochen.[325] Mit Ratifikation ist hier die Zustimmung des Parlaments gemeint. Dieser Wortlaut legt die Vermutung nahe, dass auch Verträge, die nicht der Mitwirkung des Parlaments unterlagen, Bestandteil der russländischen Rechtsordnung werden und entgegenstehenden gesetzlichen Bestimmungen vorgehen.[326] Die überwiegende Meinung will jedoch nur die Verträge, die parlamentarische Zustimmung erfahren haben, von der Vorrangregel des Art. 15 IV 2 VerfRF umfasst sehen[327] und verweist

324 Entwurf der Verfassungskommission der Russländischen Föderation für eine Verfassung vom 03. 05. 1993, in: Rossijskaja gazeta, 08.05.1993, S. 9ff.

325 Giesecke, Die auswärtige Gewalt in der Russischen Föderation und die Rolle des Völkerrechts in der russländischen Rechtsordnung, S. 215f.

326 Danilenko, The new Russian Constitution and International Law, S. 464; Danilenko, Primenenie meždunarodnogo prava vo vnutrennej pravovoj sisteme Rossii: praktika Konstitucionnogo Suda, S. 117; Chlestova, Sootnošenie meždunarodnogo i vnutrigosudarstvennogo prava i Konstitucija Rossijskoj Federacii, S. 25; Talalaev, Sootnošenie meždunarodnogo i vnutrigosudarstvennogo prava i Konstitucija Rossijskoj Federacii, S. 13; so auch Zimnenko, Meždunarodnye dogovory v sudebnoj sisteme Rossijskoj Federacii, S. 115.

327 Postanovlenie Plenuma Verchovnogo Suda RF "O primenenie sudami obščej jurisdikcii obščepriznannych principov i norm meždunarodnogo prava i meždunarodnych dogovorov RF" vom 10. 10. 2003, www.supcourt.ru/solution/current.php?id=69, eingesehen am 22.11.2004; Postanovlenie No. 8 plenuma Verchovnogo Suda RF (russ.: Beschluss Nr. 8 des Obersten Gerichts der Russländischen Föderation) vom 31. 10. 1995, Ziffer 5 in: Žilin, Kommentarij Konstitucii Rossijskoj Federacii, S. 55ff; auch in Rossijskaja Gazeta vom 28. 12. 1995, S. 6; Lukašuk, Das neue russische Gesetz über internationale Verträge und das Völkerrecht, S. 186f; Talalaev, Sootnošenie meždunarodnogo i vnutrigosudarstvennogo prava i Konstitucija Rossijskoj Federacii, S. 13; Maročkin, Sootnošenie juridičeskoj sily norm meždunarodnogo i

diesbezüglich auf das Gesetz über die internationalen Verträge der Russländischen Föderation.[328] In dessen Art. 15 I findet sich die Aufzählung der Arten von Verträgen, die einer "Ratifizierung" (Zustimmung) durch das Parlament bedürfen und unter Buchst. a) findet sich die Festlegung, dass alle Verträge einer "Ratifizierung" bedürfen, "die andere Regelungen festsetzen, als vom Gesetz vorgesehen". Aus der Tatsache, dass diese Formulierung und die Formulierung des Art. 15 IV 2 VerfRF übereinstimmen, wird geschlussfolgert, dass sich Art. 15 IV 2 VerfRF ausdrücklich auf die zustimmungsbedürftigen Verträge bezieht.[329] Das Oberste Gericht Russlands vertritt ebenfalls die Meinung, das nur die zustimmungsbedürftigen internationalen Verträge den Gesetzen vorgehen.[330] Die nicht zustimmungsbedürftigen internationalen Ver-

---

vnutrigosudarstvennogo prava v pravovoj sisteme Rossijskoj Federacii, S. 42ff; Četvernin, Konstitucija Rossijskoj Federacii – problemnyi kommentarij, S. 54; Barcic, Meždunarodnoe pravo i pravovaja sistema Rossii, S. 62; Vitruk, N. V., Kapitel 3, § 6 – inye (krome konstitucij) istočniki konstitucionnogo prava (russ.: Andere (außer der Verfassung) Quellen des Verfassungsrechts), in: Lazarev, V. V.: Konstitucionnoe pravo. učebnik (russ.: Verfassungsrecht, Lehrbuch). – Moskau: Jurist", 1997, S. 91; Tolstik, V. A.: in: Morozova, L. A., Rossijskaja pravovaja sistema i meždunarodnoe pravo: sovremennye problemy vzaimodejstvija (russ.: Russländisches Rechtssystem und Völkerrecht: aktuelle Probleme der Wechselwirkung), in: Gosudarstvo i pravo, 2/1996, S. 7-9, S. 8; Polenina, in: Morozova, L. A., Rossijskaja pravovaja sistema i meždunarodnoe pravo: sovremennye problemy vzaimodejstvija, S.4f; Birjukov, Meždunarodnoe pravo, S. 82; Russländische Föderation: Contribution of the delegation of the Federation of Russia, S. 58; Malinin, Operation of Rules of International Law in the Territory of Russia under the 1993 Constitution, S. 339; Im Ergebnis genauso, doch mit einer anderen (verfassungsrechtlichen) Begründung: Giesecke, Die auswärtige Gewalt in der Russischen Föderation und die Rolle des Völkerrechts in der russländischen Rechtsordnung, S. 216ff.

[328] Giesecke, Die auswärtige Gewalt in der Russischen Föderation und die Rolle des Völkerrechts in der russländischen Rechtsordnung, S. 215ff behandelt diese Frage sehr ausführlich und schließt sich dieser Meinung an, wenn auch mit einer anderen – staatsrechtlichen – Begründung.

[329] Lukašuk, Das neue russische Gesetz über internationale Verträge und das Völkerrecht, S. 186f; Lukašuk, Primenenie norm meždunarodnogo prava v svete federal'nogo zakona o meždunarodnych dogovorach Rossii, S. 50.

[330] Postanovlenie Plenuma Verchovnogo Suda RF "O primenenie sudami obščej jurisdikcii obščepriznannych principov i norm meždunarodnogo prava i meždunarodnych

träge nehmen nach Meinung des Obersten Gerichts einen Rang zwischen den Gesetzen und den untergesetzlichen normativen Akten ein.[331] Damit ergibt sich nach der Auffassung des Obersten Gerichts folgende Normenhierarchie: Verfassung, zustimmungsbedürftige völkerrechtliche Verträge, Gesetze, nicht zustimmungsbedürftige völkerrechtliche Verträge, untergesetzliche normative Akte.

Es geht aus der Verfassungsgeschichte jedoch eindeutig hervor, dass die Bedingung der "Ratifikation" in Art. 15 IV VerfRF nicht zufällig fehlt – dafür ist ihre Bedeutung zu groß.[332] Eine solch eindeutige Entscheidung des verfassunggebenden Gremiums gegen das Erfordernis der "Ratifikation" kann nicht vom Gesetzgeber ausgehebelt werden. Das hieße, dass eine Einschränkung der Wirkung der Verfassung durch Gesetz möglich wäre, ohne dass es sich lediglich um eine Konkretisierung handelte. Die Vorschrift des 15 IV VerfRF kann also nicht mittels eines einfachen Bundesgesetzes anders ausgelegt werden, als dies vom verfassunggebenden Gremium ausdrücklich gewollt war. Daher kann diese Meinung nicht überzeugen.

---

dogovorov RF" vom 10. 10. 2003, www.supcourt.ru/solution/current.php?id=69, eingesehen am 22.11.2004;

331 Postanovlenie Plenuma Verchovnogo Suda RF "O primenenie sudami obščej juris dikcii obščepriznannych principov i norm meždunarodnogo prava i meždunarodnych dogovorov RF" vom 10. 10. 2003, www.supcourt.ru/solution/current.php?id=69, eingesehen am 22.11.2004;
Der entsprechende Absatz der Plenarentscheidung lautet: "8. Die Vorschriften des in Kraft getretenen völkerrechtlichen Vertrages der Russländischen Föderation, für dessen Inkrafttreten die Zustimmung in Form einen Bundesgesetzes gegeben wur de, hat Vorrang vor den Gesetzen der Russländischen Föderation.
Die Vorschriften des in Kraft getretenen völkerrechtlichen Vertrages der Russländi schen Föderation, für dessen Inkrafttreten die Zustimmung nicht in Form einen Bundesgesetzes gegeben wurde, hat Vorrang vor den untergesetzlichen normati ven Akten, die von denjenigen Organen der staatlichen Gewalt erlassen wurden, die auch den entsprechenden Vertrag abgeschlossen haben (Art.15 IV, Art.90, Art.113 Verfassung der Russländischen Föderation)."

332 Lukašuk, Das neue russische Gesetz über internationale Verträge und das Völkerrecht, S. 187; Er widerspricht sich hier allerdings selbst zu einer wenige Sätze vorher getroffenen Aussage.

Das Verfassungsgericht hat sich zu dieser Frage zwar noch nicht ausdrücklich geäußert, bezieht sich aber in einigen Entscheidungen auf die von der UdSSR und Russland "ratifizierten" Verträge, also die Verträge, die mit parlamentarischer Zustimmung übernommen wurden.[333]

Bezüglich der von der UdSSR übernommenen Verträge ist allerdings anzumerken, dass die Ratifizierung vom damaligen Obersten Sowjet der UdSSR vorgenommen wurde, dessen Präsidium als kollektives Staatsoberhaupt gleichzeitig für die innerstaatliche Umsetzung zuständiges Staatsorgan als auch völkerrechtliches Vertretungsorgan der Sowjetunion war.[334] Es liegt demnach eine Ratifizierung sowohl im völkerrechtlichen als auch im "innerstaatlichen Sinne" vor, so dass zumindest der Bezugnahme auf das Zusatzprotokoll zu den Genfer Konventionen vom 12. 08. 1949 in der Entscheidung vom 31. 07. 1995 nichts darüber entnommen werden kann, ob auch das Verfassungsgericht Russlands nur die "ratifizierten" Verträge von Art. 15 IV VerfRF umfasst sehen will oder diesbezüglich keine Einschränkungen gelten lassen will.[335]

In der Entscheidung vom 04. 03. 2003 wird die Gewährleistung einer unabhängigen und unparteiischen Rechtsprechung ausdrücklich an der Verfassung und an den "ratifizierten Verträgen" der RF gemessen. Die nicht ratifizierten Verträge werden außen vor gelassen. Es wird also implizit zunächst eine Unterscheidung zwischen Verträgen, die parlamentarischer Zustimmung bedürfen ("ratifizierte Verträge") und solchen, die dieser Zustimmung nicht

---

333 Auf das Zusatzprotokoll zu den Genfer Konventionen vom 12. 08. 1949 betreffend den Schutz der Opfer nicht internationaler bewaffneter Konflikte (Protokoll II), in: Postanovlenie Konstitucionnogo Suda Rossijskoj Federacii (Beschluss des Verfassungsgerichtes der Russländischen Föderation) vom 31. 07. 1995 ("Tschetschenienurteil"), Ziffern 5 und 6, in: SZRF, 33/1995, Nr. 33, Art. 3424; deutsche Übersetzung von Beknazar, Tigran, in: ZaöRV, 1997, S. 180-193; auf die EMRK und den Internationalen Pakt über bürgerliche und politische Rechte in Postanovlenie Konstitucionnogo Suda RF vom 04.03.2003, http://ks.rfnet.ru/pos/p2_03.htm; allgemein auf internationale Konventionen Bezug nehmend in Postanovlenie Konstitucionnogo Suda RF vom 14.07.2003, http://ks.rfnet.ru/pos/p12_03.htm.

334 Beknazar, Das neue Recht der völkerrechtlichen Verträge in Rußland, S. 415.

335 Siehe dazu auch: Giesecke, Die auswärtige Gewalt in der Russischen Föderation und die Rolle des Völkerrechts in der russländischen Rechtsordnung, S. 216.

bedürfen ("nicht ratifizierten Verträge") getroffen. Des weiteren sind die nicht zustimmungsbedürftigen für das VerfGRF augenscheinlich nicht Maßstab für Gesetzesrecht in Russland. Daraus kann gefolgert werden, dass sie, im Gegensatz zu den zustimmungsbedürftigen Verträgen, die höherrangig sein sollen, in den Augen des VerfGRF einen niedrigeren Rang als Gesetzesrecht einnehmen.

3. Unterscheidung von Anwendungsvorrang und Geltungsvorrang völkerrechtlicher Verträge

Hier muss unterschieden werden, ob die internationalen Verträge der Russländischen Föderation Anwendungsvorrang vor den entgegenstehenden Gesetzen genießen oder Geltungsvorrang. Anwendungsvorrang heißt, dass im konkreten Kollisionsfall die Norm zwar vorgeht, den Geltungsgrund der nationalen Norm aber unberührt lässt, so dass die nationale Norm in den Bereichen weiter anwendbar ist, die durch den Vertrag nicht geregelt werden.
Im Falle eines Geltungsvorranges geht im Kollisionsfall die Norm vor, belässt der innerstaatlichen Norm aber nicht ihre Weitergeltung in anderen Bereichen, sondern verdrängt sie nachhaltig. Der Wortlaut des Art. 15 IV 2 VerfRF ist diesbezüglich eindeutig. Die Bestimmungen der internationalen Verträge genießen in Russland Anwendungsvorrang.[336]
Fraglich ist, ob die Berufung auf völkerrechtliche Normen und damit der Anwendungsvorrang nur für solche Völkerrechtsnormen gilt, die unmittelbar anwendbar (self-executing) sind.

---

336 Giesecke, Die auswärtige Gewalt in der Russischen Föderation und die Rolle des Völkerrechts in der russländischen Rechtsordnung, S. 211f; Lukašuk, Igor' Ivanovič: in: Morozova, L. A., Rossijskaja pravovaja sistema i meždunarodnoe pravo: sovremennye problemy vzaimodejstvija (russ.: Russländisches Rechtssystem und Völkerrecht: aktuelle Probleme der Wechselwirkung), in: Gosudarstvo i pravo, 3/1996, S. 24-26, S. 24; Schröder, Tim: Völkerrecht als Prüfungsmaßstab? Zur Bedeutung des Völkerrechts in der Rechtsprechung des russischen Verfassungsgerichtes seit 1995, in: Kieler Ostrechts-Notizen, 2. Jg., 2/1999, S. 22-24, S. 23.

In Art. 5 III Vertragsgesetz wird nur noch einmal der schon in der Verfassung festgelegte Grundsatz statuiert, dass Verträge, die für ihre Ausführung keiner weiteren Konkretisierung durch innerstaatliche Akte der Gesetzgebung bedürfen, unmittelbar gelten. Allerdings muss auch hier unterschieden werden zwischen Geltung im innerstaatlichen Bereich und unmittelbarer Anwendung. Mit der Übernahme eines Vertrages in die innerstaatliche Rechtsordnung erlangt dieser innerstaatliche Geltung[337], und zwar der gesamte Vertrag, denn das Vertragsgesetz bezieht sich auf den Vertrag in seiner Gesamtheit.[338] Soweit ein Vertrag innerstaatliche Geltung erlangt hat, sind seine Normen zunächst Bestandteil des objektiven innerstaatlichen Rechts. Inwieweit diese Vertragsnormen dann Rechtswirkungen im Einzelfall entfalten können, hängt ab von ihrem spezifischen Inhalt.[339] Daher ist die Formulierung in Art. 5 III Gesetz über die internationalen Verträge der Russländischen Föderation irreführend, wenn sie von der unmittelbaren Geltung von internationalen Verträgen spricht, die keiner weiteren Ausführungsbestimmungen durch innerstaatliche Akte für ihre Geltung bedürfen.[340] Vielmehr dürfte hier die unmittelbare Anwendbarkeit gemeint sein.

Daraus folgt, dass die völkerrechtlichen Verträge der Russländischen Föderation Bestandteil ihrer Rechtsordnung sind und, soweit sie den gesetzlichen Regelungen entgegenstehende Vorschriften enthalten, auch unmittelbar angewendet werden, wenn sie die Voraussetzungen der unmittelbaren Anwendbarkeit erfüllen[341], also schon so konkret sind, dass sie nicht mehr eines innerstaatlichen Aktes der Gesetzgebung bedürfen. Daher bezieht sich der

---

337 Doehring, Völkerrecht, Rn. 337; Rojahn, Kommentierung zu Art. 59 GG, Art. 59, Rn. 35.

338 Geiger, Grundgesetz und Völkerrecht, § 32 II 3 a.

339 Siehe dazu schon die Ausführungen oben im deutschen Teil unter Punkt A II 2.

340 So im Ergebnis auch Zimnenko, Meždunarodnye dogovory v sudebnoj sisteme Rossijskoj Federacii, S. 118.

341 Nur Vertragsbestimmungen, die für ihre Anwendung keines Erlasses eines innerstaatlichen Aktes bedürfen, sind unmittelbar anwendbar. Alle anderen Vertragsbestimmungen bedürfen der Konkretisierung durch den Gesetzgeber, bevor sie durch den Rechtsanwender in konkreten Situationen angewendet werden können. – siehe für viele: Lukašuk, Primenenie norm meždunarodnogo prava v svete federal'nogo zakona o meždunarodnych dogovorach Rossii, S. 52.

Anwendungsvorrang nur auf unmittelbar anwendbare vertragliche Vorschriften.

Sinnvollerweise muss diese Aussage noch dahin gehend erweitert werden, dass die Regelungen des völkerrechtlichen Vertrages auch dann angewendet werden, wenn die gesetzliche Norm gar keine Regelung, also auch keine entgegengesetzte, bezüglich eines bestimmten Problems trifft.[342]

4. Zeitpunkt des Vorranges

Aus Art. 15 IV VerfRF geht nicht hervor, ab wann ein völkerrechtlicher Vertrag Vorrang vor den Gesetzen genießen soll.
In Art. 31 III Gesetz über die internationalen Verträge der RF ist festgelegt, dass ein völkerrechtlicher Vertrag dann ausgeführt wird, wenn er für die Russländische Föderation in Kraft tritt. Diese Vorschrift entspricht in ihrem Inhalt dem Art. 24 II WVRK, nach dem ein Vertrag in dem Zeitpunkt in Kraft tritt, in dem alle Vertragsstaaten der Bindung durch den Vertrag zustimmen. Die völkerrechtliche Verpflichtung ist damit dann gegeben, wenn der Vertrag für die Russländische Föderation und die anderen Vertragsparteien in Kraft

342 Siehe dazu auch Zimnenko, Meždunarodnye dogovory v sudebnoj sisteme Rossijskoj Federacii, S. 110 und S. 113; Žujkov, V. M.: Kapitel 2. Realizacija meždunarodnych norm o pravach i svobodach čeloveka i graždanina v Konstitucii Rossijskoj Federacii (russ.: Verwirklichung der internationalen Normen zu den Rechten und Freiheiten des Menschen und des Bürgers in der Verfassung der Russländischen Föderation), in: Alekseeva, Lidija Borisovna / Žujkov, Viktor Martenianovič / Lukašuk, Igor' Ivanovič: Meždunarodnye normy o pravach čeloveka i primenenie ich sudami Rossijskoj Federacii (russ.: Völkerrechtliche Menschenrechtsnormen und ihre Anwendung durch die Gerichte der Russländischen Föderation). – Moskau: Prava Čeloveka, 1996, S. 30-53, S. 34f mit Beispielen.

tritt.[343] Erst mit Eintreten dieser völkerrechtlichen Verpflichtung soll auch der innerstaatliche Anwendungsvorrang begründet werden.[344]

343 Giesecke, Die auswärtige Gewalt in der Russischen Föderation und die Rolle des Völkerrechts in der russländischen Rechtsordnung, S. 219f.

344 Giesecke, Die auswärtige Gewalt in der Russischen Föderation und die Rolle des Völkerrechts in der russländischen Rechtsordnung, S. 220; Talalaev, Sootnošenie meždunarodnogo i vnutrigosudarstvennogo prava i Konstitucija Rossijskoj Federacii, S. 8f; Zimnenko, Meždunarodnye dogovory v sudebnoj sisteme Rossijskoj Federacii, S. 111.

D. Wirkung der internationalen Normen

I. Kompetenz zur Feststellung des Inhalts einer völkerrechtlichen Norm

Das Verfassungsgericht verfügt zunächst nicht über eine verfassungsrechtliche oder gesetzliche Kompetenz zur Überprüfung von gesetzlichen Normen auf ihre Vereinbarkeit mit Völkerrecht, sondern kann gesetzliche Normen gemäß Art. 125 IV 2. Alt. VerfRF lediglich auf ihre Verfassungsmäßigkeit hin überprüfen.[345] Daher soll sich das Verfassungsgericht in seinen Entscheidungen nicht unmittelbar auf das Völkerrecht berufen und es hinzuziehen dürfen.[346] Jedoch hat das Verfassungsgericht in seinen Entscheidungen zur Verfassungsmäßigkeit von Gesetzen alle Normen der Verfassung zu berücksichtigen, also auch Art. 15 IV VerfRF. Das Verfassungsgericht muss feststellen, was mit Art. 15 IV VerfRF in die russländische Rechtsordnung übernommen wird. Es muss also der Inhalt der jeweiligen völkerrechtlichen Normen bestimmt werden. Dann kann überprüft werden, ob die in Frage stehende gesetzliche Norm mit den Anforderungen des Völkerrechts vereinbar ist. Wenn sie vereinbar ist, dann kann sie angewandt werden, wenn nicht, dann scheidet eine Anwendung dieser gesetzlichen Norm wegen Verstoßes gegen die Verfassung aus. Die völkerrechtlichen Normen können somit indirekt für eine Feststellung der Verfassungsmäßigkeit einer gesetzlichen Norm heran-

---

345 Talalaev, Sootnošenie meždunarodnogo i vnutrigosudarstvennogo prava i Konstitucija Rossijskoj Federacii, S. 8.

346 Tumanov, V. A.: zitiert nach Jung, Robert Luis, Vortragsveranstaltung der Juristischen Gesellschaft zu Berlin zum Thema: Rußländische Verfassung und Verfassungsgerichtsbarkeit, in: Juristische Rundschau, 2/2000, S. 55-56, S. 56; Barcic, Meždunarodnoe pravo i pravovaja sistema Rossii, S. 65; Lazarev, L. V.: Kapitel 2, § 4 – Konstitucionnyj Sud i meždunarodnoe pravovoe prostranstvo (russ.: Das Verfassungsgericht und der Geltungsbereich des Völkerrechts) in: Krjažkov, V. A./Lazarev, L. V.: Konstitucionnaja justicija v Rossijskoj Federacii (russ.: Verfassungsgerichtsbarkeit in der Russländischen Föderation). – Moskau: BEK, 1998, S. 104.

gezogen werden,[347] was auch der gängigen Verfassungsgerichtspraxis entspricht.

Probleme ergeben sich in der Gerichtspraxis allerdings insoweit, als gesetzliche Normen Russlands vom Verfassungsgericht zwar wie erwähnt nur auf ihre Verfassungsmäßigkeit hin überprüft werden können (in die eine Vereinbarkeitsprüfung mit Völkerrecht indirekt einfließt), nicht aber direkt auf ihre Völkerrechtsmäßigkeit. Die letztere wird von allen unteren Gerichten vorgenommen, so dass eine Einheitlichkeit diesbezüglich nur durch Revisionen zu den Obersten Gerichten erreicht werden kann.[348]

---

347 Tumanov (der damalige Vorsitzende des Verfassungsgerichtes der Russländischen Föderation), in: Morozova, L. A., Rossijskaja pravovaja sistema i meždunarodnoe pravo: sovremennye problemy vzaimodejstvija, S. 4; Tiunov, Konstitucionnyj Sud Rossijskoj Federacii i meždunarodnoe pravo, S. 183; Schröder, Tim: Völkerrecht als Prüfungsmaßstab?, S. 23.

348 Žujkov, V. M.: Kapitel 2. Realizacija meždunarodnych norm o pravach i svobodach čeloveka i graždanina v Konstitucii Rossijskoj Federacii, S. 59f.

II. Wirkung des Völkergewohnheitsrechts und der allgemeinen Rechtsgrundsätze

Aus dem Wortlaut des Art. 15 IV VerfRF lässt sich entnehmen, dass die allgemein anerkannten Prinzipien und Normen des Völkerrechts Bestandteil der innerstaatlichen Rechtsordnung werden. Damit erhalten sie innerstaatliche Geltung und Wirkung. Ihre unmittelbare Anwendbarkeit hängt jeweils von ihrem konkreten Inhalt ab.

Die Adressaten der allgemein anerkannten Prinzipien und Normen des Völkerrechts stellen nach einem Teil der Lehre lediglich die staatlichen Organe dar, wenn sie auf der zwischenstaatlichen Ebene handeln, da die Prinzipien und Normen grundsätzlich nur auf dieser Ebene Anwendung fänden und für die innerstaatliche Anwendung ungeeignet seien.[349]
Das Verfassungsgericht schließt sich dieser Meinung nicht an.[350]
Andere Lehrmeinungen interpretieren Art. 15 IV VerfRF dahingehend, dass sich auf alle Normen des internationalen Rechts vor staatlichen Verwaltungsbehörden und Gerichten berufen werden kann, und zwar auch von den einzelnen Bürgern und Bürgerinnen,[351] damit kann sich also auch auf die allgemein anerkannten Prinzipien und Normen des Völkerrechts berufen werden. Dies entspricht auch der unmittelbaren Geltung, die sie als Bestandteile der Rechtsordnung erhalten und als Bestandteile der Rechtsordnung verpflichten sie alle Personen und die staatlichen Organe. Der Gesetzgeber muss die allgemeinen Normen und Prinzipien des Völkerrechts beachten. Ob die Exeku-

349 Usenko, E. T.: Sootnošenie i vzaimodejstvie meždunarodnogo i nacionalnogo prava i Rossijskaja Konsitucija (russ.: Wechselbeziehung und Wechselwirkung von internationalem und nationalem Recht und die Verfassung der Russländischen Föderation), in: Moskovskij žurnal meždunarodnogo prava, 2/1995, S. 13-28, S. 18.

350 "Tschetschenienurteil" des Verfassungsgerichtes der Russländischen Föderation, Postanovlenie Konstitucionnogo Suda Rossijskoj Federacii (Beschluss des Verfassungsgerichtes der Russländischen Föderation) vom 31. 07. 1995 ("Tschetschenienurteil"), Ziffer 5, in: SZRF, 33/1995, Art. 3424.

351 Danilenko, The new Russian Constitution and International Law, S. 465; Barcic, Meždunarodnoe pravo i pravovaja sistema Rossii, S. 64.

tive diese Normen und Prinzipien beachtet obliegt der Kontrolle durch die Gerichte, die wiederum selbst an die Normen und Prinzipien gebunden sind. Die Gerichte haben auch die Aufgabe, die allgemeinen Normen und Prinzipien inhaltlich auszufüllen, zu konkretisieren.[352] Sie können allerdings das Verfassungsgericht weder bezüglich der Definition allgemein anerkannter Normen und Prinzipien des Völkerrechts noch bezüglich der Subsumtion einer Norm oder eines Prinzips unter den verfassungsrechtlichen Begriff anrufen.[353] Grundsätzlich kann gesagt werden, dass als Adressaten des internationalen Rechts die staatlichen Organe angesprochen sind. Insbesondere die Gerichte und hier wiederum das Verfassungsgericht sind gefragt, denn für die Übernahme internationalen Rechts in das innerstaatliche Recht ist die Rechtsanwendung, insbesondere durch das Verfassungsgericht, von größter Bedeutung.[354]

352 Tereškova, V. V.: Sudebnye aspekty neposredstvennogo primenenija meždunarodnogo prava (russ.: Aspekte der unmittelbaren Anwendung der Normen des Völkerrechts durch die Gerichte), in: Rossijskij juridičeskij žurnal, 2/1997, S. 53-58, S. 58; Solovev, V. N.: O nekotorych voprosach praktiki primenenija norm meždunarodnogo prava sudami Rossijskoj Federacii (russ.: Über einige Fragen zur praktischen Anwendung der Normen des Völkerrechts durch die Gerichte der Russländischen Föderation), in: Russian Yearbook of International Law, 1999, S. 267-279, S. 269.

353 Chlestova, Sootnošenie meždunarodnogo i vnutrigosudarstvennogo prava i Konstitucija Rossijskoj Federacii, S. 24.

354 Vereshchetin, New Constitutions and the old Problem of the Relationship between International Law and National Law, S. 35f.

III. Wirkung völkerrechtlicher Verträge

Adressaten der Vorschriften der völkerrechtlichen Verträge sind vor allem die rechtsanwendenden Organe des Staates, also die Organe der Judikative und der Exekutive, wobei die nationalen Gerichte wahrscheinlich die wichtigste Rolle übernehmen, da sie den Vorrang der völkerrechtlichen Verträge durch ihre Rechtsprechung gewährleisten müssen, indem sie entgegenstehende gesetzliche Vorschriften nicht anwenden. Ansonsten sind natürlich alle staatlichen Organe an die völkervertraglichen Normen gebunden.[355]

Soweit die vertraglichen Regelungen unmittelbar anwendbar sind, können sich auch die einzelnen Bürger darauf berufen. Ansonsten sind zunächst die erforderlichen staatlichen Ausführungsakte zu erlassen.

Die Normen eines völkerrechtlichen Vertrages müssen von den Gerichten Russlands auf Grund ihres übergesetzlichen Ranges vorrangig sowohl vor den Bundesgesetzen als auch vor den Gesetzen der Subjekte der Föderation angewendet werden.[356] Weiterhin kommt es wegen der Rangregel auch nicht darauf an, ob es sich bei den Gesetzen im Vergleich zum Vertrag um frühere oder spätere Gesetze handelt.[357]

Art. 15 IV VerfRF verleiht jedoch eine solche Wirkung nicht an die Prinzipien und Normen des Völkerrechts, da sie einen völlig anderen Rang einnehmen.[358]

---

355 Danilenko, Implementation of International Law in CIS States, S. 53f.

356 Danilenko, The new Russian Constitution and International Law, S. 465.

357 Ebd.

358 Siehe oben Punkt C I in diesem Teil.

4 Rechtsvergleich und Fazit

A. Rechtsvergleich

Die in den Teilen 2 und 3 besprochene Übernahme internationalen Rechts in die russländische und deutsche Rechtsordnung und die Rangzuweisung, die diese Normen jeweils erfahren, sollen nun verglichen werden. Der Vergleich enthält sich einer wertenden Beurteilung der in den beiden Rechtsordnungen gefundenen Lösungen, da ein weiterer Erkenntnisgewinn hiervon nicht zu erwarten ist. Es soll vielmehr eine objektive Betrachtung angestellt werden, die es ermöglicht, die verschiedenen Herangehensweisen und Lösungen als unterschiedlich wahrzunehmen und dennoch als gleichwertig zu akzeptieren.[359] Grundsätzlich lässt sich zunächst feststellen, dass, wenngleich der historische Hintergrund beider Verfassungen ein gänzlich anderer ist, in keiner der Verfassungen, weder in der deutschen noch in der russländischen, die Bezüge zum Völkerrecht so eng waren, wie in den zur Zeit gültigen Fassungen.[360]

[359] So auch Brinktrine, Verwaltungsermessen in Deutschland und England, S. 6.

[360] Für die deutsche Verfassung: Stern, Das Staatsrecht der Bundesrepublik Deutschland. Band I, § 14 I 1.

I. Art und Weise der Einbeziehung des internationalen Rechts

1. Völkergewohnheitsrecht und allgemeine Rechtsgrundsätze

Auf Völkergewohnheitsrecht und allgemeine Rechtsgrundsätze wird sowohl in der deutschen als auch in der russländischen Rechtsordnung nicht spezifisch reagiert. Beide umschreiben diese Quellen des Völkerrechts mit ihren eigenen Formulierungen[361] und beziehen nach der hier vertretenen Meinung auch beide Quellen mit ein. Insofern haben die Ausdrücke "allgemeine Regeln des Völkerrechts" und "allgemein anerkannte Prinzipien und Normen des Völkerrechts" die gleiche Bedeutung. Der Umstand, dass sowohl Art. 25 GG als auch Art. 15 IV 1 VerfRF davon sprechen, dass die völkerrechtlichen Normen Bestandteile des jeweiligen Rechts werden sollen, lässt darauf schließen, dass auch Art. 15 IV 1 VerfRF eine Scharnierfunktion zukommen soll. Auch wenn sich die Spezifizierung hinsichtlich des Platzes in der Rechtsordnung unterscheidet, dem sie zugeordnet werden (in Deutschland werden sie als Bestandteile des Bundesrechtes betrachtet und in Russland als Bestandteile der gesamten Rechtsordnung), so ist doch beide Male allgemein von "den Regeln" oder von "den Prinzipien und Normen" die Rede, so dass eine Festlegung auf bestimmte völkerrechtliche Normen oder einen bestimmten Zeitpunkt oder -abschnitt den Verfassungsvorschriften nicht zu entnehmen ist. Das kann nur heißen, dass in beide Rechtsordnungen das jeweils aktuelle Recht mit seinem jeweiligen Inhalt übernommen wird.

Beide Normen schweigen bezüglich der Methode der Einwirkung von Völkerrecht in den innerstaatlichen Bereich. Es blieb der Rechtsprechung und der Lehre überlassen, hier Lösungen zu finden. Die Literaturdichte dazu ist in Deutschland wesentlich höher als in Russland, was dem jungen Alter der russländischen Verfassung geschuldet ist, für die Meinungsvielfalt hatte dies aber keine Folgen.

---

361 In den Art. 25 Satz 1 GG und Art. 15 IV 1 VerfRF.

Ähnlichkeiten ergeben sich bei der Betrachtung, welche völkerrechtlichen Normen von den verfassungsrechtlichen Vorschriften umfasst sein sollen. Beide Formulierungen decken sich nicht mit denen der klassischen Quellen des Völkerrechts, d.h., keine von beiden übernimmt ausdrücklich Völkergewohnheitsrecht und die allgemeinen Rechtsgrundsätze in ihre Rechtsordnung. Sie bedürfen demnach der Auslegung. Diese ergab bisher das folgende Bild:
unter die Termini "allgemeine Regeln des Völkerrechts" und "allgemein anerkannte Prinzipien und Normen des Völkerrechts" wurden die verschiedenen völkerrechtlichen Normen subsumiert – mit sehr unterschiedlichen Ergebnissen. Den jeweiligen Verfassungsvorgaben werden durch die deutschen und russländischen Rechtswissenschaftler und Richter alle Normen des Völkerrechts mehr oder weniger zugeordnet. Auf Grund der Vielgestaltigkeit der Meinungen zu diesem Problempunkt ergeben sich in der Gesamtschau nur wenige Unterschiede, d.h., sowohl die völkerrechtlichen Verträge als auch das Völkergewohnheitsrecht und die allgemeinen Rechtsgrundsätze werden von dem einen oder der anderen den Formulierungen der Art. 25 Satz 1 GG und Art. 15 IV 1 VerfRF zugeordnet. Es lassen sich allerdings Fallgruppen bilden, an Hand derer die vielschichtigen Meinungen dargestellt und die Unterschiede im Einzelnen herausgearbeitet werden können.

a) Fallgruppen

aa) Völkerrechtliche Verträge

Während in Deutschland bezüglich der völkerrechtlichen Verträge Klarheit darüber herrscht, dass diese nicht mit den allgemeinen Regeln des Völkerrechts gemeint sein sollen, sieht dies in Russland anders aus. Selbst von angesehenen Verfassungsrichtern werden unter die allgemein anerkannten Prinzipien und Normen des Völkerrechts auch die völkerrechtlichen Verträge subsumiert.[362] Seinen Ursprung hat das natürlich zuvorderst darin, dass die deutsche Verfassung für die Übernahme völkervertraglicher Normen mit Art. 59 II GG eine Spezialregelung vorhält, was für die russländische Verfas-

[362] Baglaj, Konstitucionnoe pravo Rossijskoj Federacii, S. 23.

sung nicht zutrifft. Art. 15 IV 1 VerfRF erklärt sowohl die allgemein anerkannten Prinzipien und Normen des Völkerrechts als auch die völkerrechtlichen Verträge Russlands zu Bestandteilen seiner Rechtsordnung. Einen Sonderfall stellen allerdings sowohl in Deutschland als auch in der Russländischen Föderation die völkerrechtlichen Verträge dar, die Völkergewohnheitsrecht oder allgemeine Rechtsgrundsätze wiedergeben, denn sie können sowohl der völkervertraglichen als auch der anderen Kategorie zugeordnet werden. In Russland wird eine solche Differenzierung von der Lehre nicht getroffen; völkerrechtliche Verträge werden ohne nähere Begründung zum Teil unter die allgemein anerkannten Prinzipien und Normen subsumiert, obwohl dies m.E. dem Wortlaut der Verfassung widerspricht.[363] Der Standpunkt des Obersten Gerichtes der Russländischen Föderation entspricht inhaltlich beinahe dem der herrschenden Meinung in Deutschland, die davon ausgeht, dass völkerrechtliche Verträge, die Normen des Völkergewohnheitsrechtes oder der allgemeinen Rechtsgrundsätze wiedergeben, diese nicht dem Bereich dieser Normen entziehen kann. In einem Punkt allerdings weicht das russländische Oberste Gericht ab: es möchte *nur* völkerrechtliche Verträge zu den allgemein anerkannten Prinzipien und Normen des Völkerrechts zählen, die seiner Meinung nach Völkergewohnheitsrecht kodifizieren. Andere völkergewohnheitsrechtliche Normen oder allgemeine Rechtsgrundsätze, die nicht vertragliche festgelegt sind, sieht es nicht im Anwendungsbereich des Art. 15 IV 1 VerfRF. Diese Sichtweise wird von der Lehre als zu eng kritisiert.

bb) Völkergewohnheitsrecht

Hier liegen die wenigsten Unstimmigkeiten. Beinahe einhellig wird das Völkergewohnheitsrecht zu den allgemeinen Regeln des Völkerrechts bzw. zu den allgemein anerkannten Prinzipien und Normen des Völkerrechts gezählt, wobei allerdings die dogmatische Herangehensweise in Russland nicht der den deutschen Juristen und Juristinnen gewohnten entspricht.

363 Siehe oben im russländischen Teil unter A I 1 c) aa).

Die in Deutschland geforderte Allgemeinheit der Regeln bezüglich der Völkerrechtssubjekte, die sich durch die Norm gebunden fühlen, wird in Russland ebenso gefordert, wobei eine Verbindlichkeit für alle Staaten auch hier nicht verlangt wird und eine hinreichend repräsentative Mehrheit von Staaten ausreichen soll. Insofern sind die Ansichten identisch.

cc) Allgemeine Rechtsgrundsätze

In beiden Staaten ist umstritten, ob sie zu den allgemeinen Regeln des Völkerrechts bzw. zu den allgemein anerkannten Prinzipien und Normen des Völkerrechts zu zählen sind. Während aber in Deutschland spätestens seit einer Entscheidung des BVerfG der Ausschlag zu Gunsten der Befürworter ausfiel, hat das russländische Verfassungsgericht sich auch dazu, wie so oft, noch nicht geäußert. Entsprechend kontrovers wird diese Frage in Russland auch diskutiert. Es lässt sich aber eine überwiegende Meinung zu Gunsten der allgemeinen Rechtsgrundsätze ausmachen. Sie sollen demgemäß von der Formulierung in Art. 15 IV 1 VerfRF mit gemeint sein.

Auch die Frage nach der Notwendigkeit der Anerkennung einer allgemeinen Regel oder allgemeinen Norm/allgemeinen Prinzips bietet in Deutschland und in Russland Anlass zu Diskussion. Während dies in Deutschland von der absolut herrschenden Meinung mit Verweis auf die Entstehungsgeschichte des Art. 25 GG abgelehnt wird, lässt sich in Russland mit der herrschenden Meinung das Gegenteil feststellen. Hier wurde nämlich das Wort "anerkannten" bewusst in den Wortlaut des Art. 15 IV 1 VerfRF aufgenommen, während es in Art. 25 GG gerade weggelassen wurde mit Hinweis auf die Vorgängernorm Art. 4 WRV, die nur von anerkannten allgemeinen Regeln sprach und eine demgemäße Beschränkung auch allgemeiner Konsens war.
Art. 15 IV 1 VerfRF spricht zwar ausdrücklich von allgemein anerkannten Prinzipien und Normen des Völkerrechts und hat auch keine dem Art. 25 GG ähnliche Geschichte, was zunächst darauf schließen lassen könnte, dass die Wortwahl nicht so bewusst erfolgte und nicht automatisch nur die anerkannten Prinzipien und Normen gemeint sein könnten; jedoch muss bedacht werden, dass die Sowjetunion traditionell abschottend reagierte auf Normen des

Völkergewohnheitsrechts, diese Sichtweise weiterwirkte nach dem Zusammenbruch der Sowjetunion und der Wortlaut der Verfassung außerdem deutlich für die Auslegung der herrschenden Meinung spricht. Daher kann eine andere Interpretation als die der herrschenden Meinung nicht angenommen werden. In der Russländischen Föderation werden also nur die von der Russländischen Föderation selbst anerkannten Prinzipien und Normen des Völkerrechts Bestandteil der russländischen Rechtsordnung. Im Gegensatz dazu kommt es in Deutschland auf eine Anerkennung durch Deutschland nicht an, um die allgemeinen Regeln des Völkerrechts zu Bestandteilen des Bundesrechts werden zu lassen.
Beide Staaten nehmen aber den völkerrechtlichen Grundsatz, dass eine beharrliche Rechtsverwahrung nicht zur Bindung an eine völkerrechtliche Regel führt, für sich in Anspruch.

b) Entscheidung zwischen Transformation und Adoption

Bezüglich der Frage, ob die allgemeinen Regeln des Völkerrechts bzw. die allgemein anerkannten Prinzpien und Normen des Völkerrechts mittels Transformation oder Adoption übernommen werden, treffen Rechtswissenschaft und Rechtsprechung in beiden Staaten auf ähnliche Probleme. Aus dem Wortlaut der einschlägigen Verfassungsnormen, Art. 25 GG und Art. 15 IV VerfRF, lässt sich diesbezüglich nichts entnehmen und so kommt es auf die Meinungen in Schrifttum und Rechtsprechung an, um eine Lösung zu finden. Das Bundesverfassungsgericht Deutschlands hat sich, im Gegensatz zu seinem russländischen Pendant, hierzu mehrfach geäußert. Das russländische Verfassungsgericht ließ die unteren Gerichte und die Lehre bisher allein mit diesem Problem.
In beiden Staaten ist aber eine Tendenz hin zur Adoptionstheorie auszumachen, welche in Deutschland deutlicher ausgeprägt ist, als in Russland.

2. Völkerrechtliche Verträge

Während in Deutschland die Übernahme völkerrechtlicher Verträge in einer speziellen Verfassungsnorm, Art. 59 II GG, geregelt wird, enthält die russländische Verfassung eine solche Spezialregelung nicht und erklärt sie zusammen mit den allgemein anerkannten Prinzipien und Normen des Völkerrechts in Art. 15 IV 1 VerfRF zu Bestandteilen der russländischen Rechtsordnung. Das Fehlen einer speziellen Vorschrift führt aber nicht dazu, dass die Verträge gänzlich unterschiedlich behandelt werden. Es lassen sich im Gegenteil recht viele Gemeinsamkeiten erkennen. Unterschiede zeigen sich vor allem im Detail, zum Beispiel im Verständnis zum Begriff der "Ratifikation".

a) Beteiligung des Parlaments

Sowohl in der Russländischen Föderation als auch in Deutschland ist die Beteiligung des Parlamentes auf bestimmte völkerrechtliche Verträge beschränkt. Sie werden auch in beiden Staaten katalogartig aufgeführt. Ein Unterschied ergibt sich bezüglich des Regelungsortes: in Deutschland wird im Grundgesetz festgelegt, welche Arten von Verträgen der Zustimmung oder Mitwirkung des Parlamentes bedürfen, in Russland geschieht dies im Bundesgesetz über die internationalen Verträge der Russländischen Föderation. In Russland könnte also die Beteiligung des Parlamentes mittels eines einfachen, späteren Bundesgesetzes erweitert oder beschnitten werden, während dies in Deutschland nicht möglich ist. Hier wäre ein verfassungsänderndes Gesetz nötig, Art. 79 I GG, welches die Anforderungen des Art. 79 II GG erfüllt.

In beiden Staaten richtet sich die parlamentarische Zustimmung oder Mitwirkung nur nach dem materiellen Inhalt des Vertrages und sie erfolgt im förmlichen Gesetzgebungsverfahren. Die jeweiligen Bestimmungen lassen sich den Verfassungen entnehmen.

Nicht der russländischen Verfassung lassen sich allerdings, im Gegensatz zur deutschen Verfassung, die Bestimmungen zur Beteiligung des Parlaments bei der Einbeziehung völkerrechtlicher Verträge entnehmen. Dass die entsprechenden völkerrechtlichen Verträge durch ein Bundesgesetz in den innerstaatlichen Bereich übernommen werden müssen, ist erst aus dem Bundesgesetz über die internationalen Verträge (Art. 15) und indirekt aus Art. 106 VerfRF erkennbar.

b) Von der Beteiligung des Parlaments erfasste Verträge

In Deutschland ist ausführlich diskutiert worden, welche Verträge unter die zwei Kategorien der von der Zustimmung oder Mitwirkung des Parlaments betroffenen völkerrechtlichen Verträge gemäß Art. 59 II GG fallen. Ganz im Gegensatz dazu die russländische Fachliteratur. Sie beschränkte sich bisher auf die Aufzählung der in Art. 15 Vertragsgesetz genannten Arten von Verträgen, ohne deren Begriffsbestimmung näher zu beleuchten und für die juristische und politische Praxis handhabbarer zu gestalten. Es muss hier natürlich zunächst angemerkt werden, dass die Vertragsarten, die der parlamentarischen Mitwirkung bedürfen, in Russland wesentlich ausdifferenzierter sind, als dies in Deutschland der Fall ist und sich allein daraus schon ein nicht so dringendes Bedürfnis nach Klärung der Begrifflichkeiten ergibt. Weiterhin ist das Vertragsgesetz Russlands erst seit etwa sechs Jahren in Kraft, das deutsche Grundgesetz dagegen schon über fünfzig Jahre.

Eine Untersuchung unter Zuhilfenahme der Auslegung, die die Begriffe "politischer Vertrag" und " Vertrag, der sich auf die Gegenstände der Bundesgesetzgebung bezieht" erfahren haben, welche Verträge sowohl in Deutschland als auch in Russland im Endeffekt der parlamentarischen Mitwirkung oder Zustimmung bedürfen, ergibt, dass in Art. 15 Vertragsgesetz sehr ähnliche Inhaltskriterien gefordert werden. Die Anforderungen des Art. 15 I a) Vertragsgesetz entsprechen inhaltlich sehr stark den Anforderungen aus Art. 59 II 1 GG an die Verträge, die sich auf Gegenstände der Bundesgesetzgebung beziehen. Art. 15 I b) – d) Vertragsgesetz führen für Russland das genauer aus, was im deutschen Grundgesetz allgemein mit politischen Verträgen benannt wurde, wobei Verträge nach Buchst. b) einen Vergleich mit dem Begriff des politischen Vertrages rechtfertigen, weil Menschenrechtsverträge die Stellung eines Staates oder sein maßgebliches Gewicht in der Staatengemeinschaft berühren können. Art. 15 I e) Vertragsgesetz schließlich lässt an Art. 23 GG denken.

Art. 15 II Vertragsgesetz bezieht sich auf die Ratifikation im völkerrechtlichen Sinne und wiederholt nur noch einmal die völkerrechtliche Regel, nach der ein Vertrag nicht völkerrechtlich in Kraft treten kann, solange nicht alle dazu verpflichteten Staaten die völkerrechtliche Ratifizierung vorgenommen haben. Er hat daher nur deklaratorische Wirkung.

c) Begriff der Ratifikation

Hier lässt sich eine Vergleichung kaum bewerkstelligen, da der Begriff der Ratifikation im Deutschen nicht in einem innerstaatlichen Sinne verwendet wird, sondern lediglich in seinem eigentlichen völkerrechtlichen Sinne. Die doppelte Verwendung ist eine Eigenheit der russländischen Gesetzgebung und Literatur und kann daher nur als ein Unterschied festgestellt werden.

d) Entscheidung zwischen Transformation und Vollzug

Obwohl der Wortlaut der die völkerrechtlichen Verträge übernehmenden jeweiligen Verfassungsnormen sehr unterschiedlich ausfällt, entscheiden sich in Deutschland Rechtsprechung und Lehre und in Russland die Lehre für die Annahmen der Vollzugslehre und gehen in der Mehrheit davon aus, dass es sich nicht um eine Transformation der internationalen Verträge in die innerstaatliche Rechtsordnung handelt. Da sich die Rechtsprechung zu diesem Problempunkt noch nicht geäußert hat, bleibt abzuwarten, was die Zukunft bringen wird.

II. Problem der unmittelbaren Anwendbarkeit der Normen

Weder in Russland noch in Deutschland soll es auf die unmittelbare Anwendbarkeit der allgemeinen Regeln des Völkerrechts bzw. der allgemein anerkannten Prinzipien und Normen des Völkerrechts ankommen, wenn es um die Übernahme dieser Regeln in die innerstaatliche Rechtsordnung geht.
Das Gleiche gilt für die Normen der völkerrechtlichen Verträge. Die Verträge werden in ihrer Gesamtheit Bestandteil der staatliche Rechtsordnungen; die unmittelbare Anwendbarkeit einzelner Vertragsnormen im konkreten Fall hängt allein von ihrem Inhalt ab.

III. Rang des internationalen Rechts in der innerstaatlichen Rechtsordnung

1. Rang des Völkergewohnheitsrechts und der allgemeinen Rechtsgrundsätze

Obwohl in Deutschland bezüglich des Ranges, den das Völkergewohnheitsrecht und die allgemeinen Rechtsgrundsätze einnehmen sollen, noch keine Einigkeit erzielt worden ist, kann festgestellt werden, dass die Unterschiedlichkeit der Meinungen dazu bei weitem nicht das Ausmaß erreicht, wie dies in Russland der Fall ist. Die überwiegende Meinung in Deutschland nimmt für das Völkergewohnheitsrecht und die allgemeinen Rechtsgrundsätze einen Rang zwischen der Verfassung und den Gesetzen an. In Russland jedoch lässt sich eine solche fast einheitliche Meinung diesbezüglich nicht finden. Eine Meinung will die völkergewohnheitsrechtlichen Normen und die Normen der allgemeinen Rechtsgrundsätze zwischen der Verfassung und den Bundesgesetzen einordnen, was eine Situation ergäbe, die der in Deutschland vergleichbar ist. Andere Meinungen jedoch vertreten die Varianten des Gesetzesranges, des Verfassungsranges und sogar des Überverfassungsranges – mit sehr unterschiedlichen Begründungen. Dem Wortlaut der Verfassung und der Intention des verfassunggebenden Gremiums am nächsten kommt meines Erachtens die Meinung, die das Völkergewohnheitsrecht und die allgemeinen Rechtsgrundsätze im Rang den Bundesgesetzen gleichstellen möchte. Damit ergibt sich hier eine Divergenz zur überwiegenden Meinung in Deutschland.

2. Rang der völkerrechtlichen Verträge

Hier tritt noch stärker zu Tage, was eben bezüglich des Ranges des Völkergewohnheitsrechts und der allgemeinen Rechtsgrundsätze angemerkt wurde: das Meinungsbild in der Russländischen Föderation ist im Gegensatz zu dem in Deutschland stark zersplittert. Während in Deutschland die Verträge den

Rang des Übernahmegesetzes, also Gesetzesrang, erhalten und dies fast allgemeiner Konsens ist, bereitet es in Russland erhebliche Probleme, den Rang der völkervertraglichen Normen festzulegen. Obwohl der Wortlaut der Verfassung eindeutig scheint, wird teilweise auch vertreten, dass die Verträge Vorrang vor der Verfassung haben sollen. Die herrschende Meinung allerdings nimmt an, dass sie vor den Bundesgesetzen Vorrang haben, wobei wiederum umstritten ist, ob vor allen Bundesgesetzen, also sowohl vor Bundes- als auch vor Bundesverfassungsgesetzen oder nur vor den Bundesgesetzen. Dies hätte einen Nachrang bezüglich der Bundesverfassungsgesetze zur Folge, der vom Wortlaut der Verfassung nicht gedeckt ist.
Diskutiert wird auch die Frage, ob die vertraglichen Normen denen des Völkergewohnheitsrechts und der allgemeinen Rechtsgrundsätze vorgehen, also hier noch einmal eine Rangabstufung erfolgen muss. Auf Grund der eindeutigen Bevorzugung der Vertragsnormen vor den völkergewohnheitsrechtlichen Normen und denen der allgemeinen Rechtsgrundsätze wird diese Frage in Russland bejaht. Damit ergibt sich diesbezüglich eine völlig andere Situation als in Deutschland: die Rangzuweisung erfolgt genau umgekehrt. In Deutschland erhalten das Völkergewohnheitsrecht und die allgemeinen Rechtsgrundsätze einen Rang zwischen Verfassung und Gesetzen und die Verträge Gesetzesrang, in der Russländischen Föderation die Verträge einen Rang zwischen Verfassung und Gesetzen und die Normen des Völkergewohnheitsrecht und der allgemeinen Rechtsgrundsätze einen Rang zwischen Verfassung und Gesetzen.
Das lässt sich historisch erklären, denn beide Staaten verfolgten bei der Verfassungsgebung unterschiedliche Intentionen. Nach den Erfahrungen mit dem Hitlerfaschismus war es Deutschland gerade daran gelegen, solche Zustände nie wieder zuzulassen und sich daher auch durch die Übernahme internationaler Standards in die eigene Rechtsordnung effektiver dagegen abzusichern. Daher der Übergesetzesrang der völkergewohnheitsrechtlichen Normen und der allgemeinen Rechtsgrundsätze, während die vertraglichen Bindungen den Rang des Übernahmegesetzes erhalten. In Russland hingegen lässt sich der Eindruck gewinnen, dass die Russländische Föderation als Rechtsnachfolgerin der Sowjetunion auch auf Grund eines kaum stattgefundenen und kaum möglichen Personalwechsels in politischen und juristischen

Kreisen in manchen Teilen noch in der Rechtstradition der Sowjetunion steht. Das führt dazu, dass auch die traditionell "argwöhnische" Herangehensweise der Sowjetunion gegenüber den nicht vertraglichen internationalen Rechtsnormen auf die neue Verfassung Russlands "abgefärbt" hat, da die verschiedenen Verfassungsentwurfskommissionen von Präsident, Parlament und Regierung einfach wegen der teils noch verhafteten alten Denkweise einen Vorrang des Völkergewohnheitsrechts und der allgemeinen Rechtsgrundsätze vor dem eigenen Recht als nicht denkbar ansahen. Universelle allgemeine Rechtsgrundsätze und universelles Völkergewohnheitsrecht waren damals als Rechtsquellen für die Sowjetunion indiskutabel, da es mit Staaten einer anderen Weltanschauung kein gemeinsames Völkergewohnheitsrecht geben könne, genau so wenig wie gemeinsame allgemeine Rechtsgrundsätze.

Ein weiteres Problem tut sich in der Russländischen Föderation auf, wenn über die "ratifizierten" Verträge gesprochen wird, also die Verträge, deren Übernahme in die innerstaatliche Rechtsordnung einer Mitwirkung oder Zustimmung des Parlaments bedürfen. Während in Russland eine heftige Diskussion darüber geführt wird, ob der Vorrang vor den Gesetzen nur für "ratifizierte" Verträge gelten soll oder doch für alle, unabhängig von ihrer "Ratifikation" durch das Parlament, stellt sich diese Frage in Deutschland gar nicht: erstens genießen die internationalen Verträge in Deutschland keinen Vorrang vor den Gesetzen, sondern nehmen den gleichen Rang ein wie die Bundesgesetze und zweitens werden Gesetze in Deutschland, die völkerrechtlichen Verträgen zeitlich nachfolgen und ihnen widersprechen so ausgelegt, dass eine Kollision so weit wie möglich vermieden wird. Die *lex-posterior*-Regel wird dadurch so weit es geht zu Gunsten des internationalen Vertrages zurückgedrängt. Grund ist die Völkerrechtsfreundlichkeit der deutschen Verfassung.

Außerdem spielt in Russland wegen des Vorranges völkerrechtlicher Verträge vor den Gesetzen auch der Zeitpunkt des Vorranges eine Rolle, also der Zeitpunkt, ab dem der Vertrag genau Vorrang genießen soll. In Deutschland existiert dieses Problem nicht, da die völkerrechtlichen Verträge den Gesetzen gleichrangig sind und die *lex-posterior*-Regel grundsätzlich über den Anwendungsvorrang entscheidet.

Übernahme internationalen Rechts in der BRD und RF

IV. Wirkungen der internationalen Normen

1. Kompetenz zu Feststellung des Inhalts einer völkerrechtlichen Norm

Wie in Deutschland auch hat das russländische Verfassungsgericht keine Kompetenz zur Überprüfung von Gesetzen auf ihre Vereinbarkeit mit Völkerrecht, sondern nur auf die Vereinbarkeit mit Verfassungsrecht. Das führt in Russland allerdings dazu, dass das Verfassungsgericht sich im Unterschied zum deutschen Verfassungsgericht in seinen Entscheidungen nicht direkt auf völkerrechtliche Normen beziehen dürfen soll, sondern nur eine indirekte Bezugnahme möglich sein soll. Die Überprüfung der Vereinbarkeit einfachen Gesetzesrechts mit Völkerrecht wird vielmehr lediglich von den unteren Gerichten vorgenommen, die im Zuge dessen auch Inhalt der Normen und Prinzipien des Völkerrechts bestimmen. In Deutschland steht diese Kompetenz nur dem Verfassungsgericht zu, die unteren Gerichte haben in unklaren Fällen die Pflicht zur Vorlage, Art. 100 II GG.
Im Gegensatz zu Deutschland haben die Gerichte in der Russländischen Föderation nicht die Möglichkeit, das Verfassungsgericht anzurufen, um klären zu lassen, welche Normen und Prinzipien des Völkerrechts unter die verfassungsrechtliche Formulierung der "allgemein anerkannten Prinzipien und Normen des Völkerrechts" zu subsumieren sind. Eine Art. 100 II GG entsprechende Regelung fehlt und dementsprechend enthält auch das Verfassungsgerichtsgesetz Russlands keine diesen Fall regelnde Vorschrift. Es ist bereits angeregt worden, das russländische Verfassungsgerichtsgesetz diesbezüglich zu ändern und eine entsprechende Ergänzung vorzunehmen.[364]

---

364 Chlestova, Sootnošenie meždunarodnogo i vnutrigosudarstvennogo prava i Konstitucija Rossijskoj Federacii, S. 24.

2. Wirkung des Völkergewohnheitsrechts und der allgemeinen Rechtsgrundsätze

Die Normen des Völkergewohnheitsrechtes und der allgemeinen Rechtsgrundsätze werden in beiden Staaten Bestandteil des Bundesrechtes, wenn auch die Formulierungen verschieden ausfallen. In Deutschland schreibt Art. 25 GG dies ausdrücklich vor und in Russland werden sie Bestandteil der Rechtsordnung, was aber im Hinblick auf den ihnen zugewiesenen Rang auch heißt, dass sie Bestandteil des Bundesrechts werden. Ihre unmittelbare Anwendbarkeit hängt jeweils von ihrem konkreten Inhalt ab.
Als Adressaten kommen in Deutschland neben den Staatsorganen auch natürliche und juristische Personen in Betracht. In der Russländischen Föderation ist die Adressatenfrage umstritten, die wohl herrschende Meinung vertritt aber eine der deutschen Meinung ähnlich Position. Natürliche Personen sollen sich auf die internationalen Normen berufen dürfen. Bezüglich juristischer Personen wurde die Frage noch nicht diskutiert.
Die völkergewohnheitsrechtlichen Normen und die Normen der allgemeinen Rechtsgrundsätze brechen in Deutschland entgegenstehendes nachrangiges Gesetzesrecht, was für Russland so nicht festgestellt werden kann. Dort nehmen diese Normen nach der hier vertretenen Meinung einen Rang wie die Bundesgesetze ein und können deswegen eine solche Wirkung nicht hervorrufen. Daher müssen wohl bei einer Kollision von Völkergewohnheitsrecht oder allgemeinen Rechtsgrundsätzen mit russländischem Gesetzesrecht die *lex-posterior*-Regel und die *lex-specialis*-Regel zur Anwendung kommen.

3. Wirkung völkerrechtlicher Verträge

Adressaten sind sowohl in Deutschland als auch in Russland immer die Staatsorgane. Soweit die einzelnen Vertragsnormen auch Rechte und Pflichten für die einzelne Person enthalten, sind diese Personen ebenfalls Adressaten der vertraglichen Vorschrift. Ansonsten sind von staatlicher Seite zunächst die erforderlichen Ausführungsakte zu erlassen.

Unterschiede ergeben sich daraus, dass die völkerrechtlichen Verträge in Russland einen Übergesetzesrang genießen und in Deutschland auf der Ebene von Bundesgesetzen angesiedelt sind. Daher müssen sie in Russland von den Gerichten vorrangig vor den Gesetzen der Föderation und den Subjekten angewendet werden. In Deutschland ergibt sich eine gewisse bevorzugte Behandlung auch vor späteren Gesetzen aus einer sehr völkerrechtsfreundlichen Ausgestaltung der Rechtsanwendungspraxis, die die eigentlich anwendbare Regel des *lex posterior* zurückstehen lässt. Die *lex-posterior*-Regel hat bezüglich des Verhältnisses von völkervertraglichen Normen und gesetzlichen Normen in Russland keine Bedeutung, da es wegen des höheren Ranges der Verträge nicht darauf ankommt, ob es sich um ein späteres oder früheres Gesetz handelt.

B. Fazit

Bei einer allgemeinen Wertung des Materials ergibt sich, dass in Russland die Fragen zu Definition der Formulierung "allgemein anerkannte Prinzipien und Normen des Völkerrechts" und die Bestimmung des Ranges völkerrechtlicher Normen vom Verfassungsgericht noch nicht so weit voran getrieben wurde, wie dies in Deutschland für die deutschen Entsprechungen der Fall ist. Die Rechtssprechung erscheint diesbezüglich als wenig systematisch. Auch sind die Formulierungen eher ungenau und für Eingrenzungen wenig hilfreich. Ein Grund dafür ist sicherlich darin zu sehen, dass das russländische Verfassungsgericht erst seit wenigen Jahren existiert. Außerdem hatte das Gericht bisher nur wenig Gelegenheit, den Begriff für die russländische Rechtsprechung konkret zu gestalten. Die Völkerrechtsfreundlichkeit der Verfassung ist außerdem ein Novum und das Verfassungsgericht muss sich daher sicher erst eine eigene Position dazu erarbeiten. Auch die Aufsätze zu diesem Thema sind von Unschärfen geprägt und werfen die gleichen Probleme auf wie die Entscheidungen des Verfassungsgerichtes. Es bleibt abzuwarten, ob sich für das russländische Verfassungsgericht bald eine weitere Gelegenheit bieten wird, zur Auslegung des Art. 15 IV VerfRF konkret Stellung zu nehmen. Die Zukunft wird zeigen, welche Weiterentwicklungen es auf diesem Gebiet in Russland geben wird.

Abschließend ist festzustellen, dass sowohl die deutsche als auch die russländische Rechtsordnung, und hier insbesondere die jeweiligen Verfassungsnormen, trotz unterschiedlicher Regelungen und Benennungen nach der in dieser Studie vertretenen Position eine grundsätzlich sehr offene Haltung gegenüber den völkerrechtlichen Normen einnehmen. Die verfassungsrechtlichen Vorschriften lassen eine effektive Übernahme der Völkerrechtsnormen zu und weisen ihnen einen Rang im nationalen Normengefüge zu, der eine gute Ausgangsposition für eine effektive innerstaatliche Anwendung verschafft.

Literaturverzeichnis

Alekseev, Sergej Sergeevič: Pravo – azbuka, teorija, filosofija, opyt kompleksnogo issledovanija (russ.: Recht – Wortlaut, Theorie, Philosophie, Erfahrung einer komplexen wissenschaftlichen Abhandlung). – Moskau: Statut, 1999

Alekseev, Sergej Sergejevitsch: Probleme und Perspektiven eines Verfassungsgerichts in der UdSSR, in: Osteuropa-Recht, 37. Jg., 2-3/1991, S. 196-205

Andrianov, V. I.: in: Morozova, L. A., Rossijskaja pravovaja sistema i meždunarodnoe pravo: sovremennye problemy vzaimodejstvija (russ.: Russländisches Rechtssystem und Völkerrecht: aktuelle Probleme der Wechselwirkung): Gosudarstvo i pravo, 3/1996, S. 6-7

Arnold, Rainer: Das Prinzip der Kontrolle des Gesetzgebers in der Verfassungsgerichtsbarkeit Mittel- und Osteuropas als Ausdruck gemeineuropäischen Verfassungsrechts: Jahrbuch des Ostrechts, Bd. 43, 1/2002 (Sonderband: Justiz in Osteuropa), S. 17-29

Arnold, Rainer: in: Geiger, Rudolf, Hg.: Völkerrechtlicher Vertrag und staatliches Recht vor dem Hintergrund zunehmender Verdichtung der internationalen Beziehungen, Symposion vom 28. bis 30. Januar 1999 in Leipzig, Leipziger Schriften zum Völkerrecht, Europarecht und ausländischen öffentlichen Recht, Band 1: Baden-Baden: Nomos, 2000, S. 25-26

Baglaj, M. V.: Konstitucionnoe pravo Rossijskoj Federacii (Verfassungsrecht der Russländischen Föderation). učebnik dlja vuzov (russ.: Lehrbuch für Hochschulen) 4. Aufl. – Moskau: NORMA, 2003

Barcic, I. N.: Meždunarodnoe pravo i pravovaja sistema Rossii (russ.: Völkerrecht und das Rechtssystem Russlands), in: Žurnal rossijskogo prava, 2/2001, S. 61-70

Beknazar, Tigran: Das neue Recht der völkerrechtlichen Verträge in Rußland, in: ZaöRV, 1996, S. 406-426

Birjukov, P. N.: Meždunarodnoe pravo (russ.: Völkerrecht). 2. Aufl. – Moskau: Jurist", 1999

Blankenagel, Alexander: Verfassungskontrolle in der UdSSR: Das kurze Leben und der schnelle Tod des Komitees für Verfassungsaufsicht, in: Der Staat, 1-4/1993, 32. Band, S. 448-468

Bleckmann, Albert: Grundgesetz und Völkerrecht. Ein Studienbuch. – Berlin: Duncker und Humblot, 1975

Blumenwitz, Dieter: Staatennachfolge und die Einigung Deutschlands, Teil 1 – Völkerrechtliche Verträge. – Berlin: Mann, 1992

Brinktrine, Ralf: Verwaltungsermessen in Deutschland und England. Eine rechtsvergleichende Untersuchung von Entscheidungsspielräumen der Verwaltung im deutschen und englischen Verwaltungsrecht. Münsteraner Beiträge zum Öffentlichen Recht. – Heidelberg: Müller, 1998

Brockmeyer, Hans Bernhard: Kommentierung zu Art. 25, in: Schmidt-Bleibtreu, Bruno/Klein, Franz Hg.: Kommentar zum Grundgesetz, unter Mitarbeit von Brockmeyer, Hans Bernhard/Kannengießer, Christoph und Saunwald, Rüdiger. 9. Aufl. – Neuwied, Kriftel: Luchterhand, 1999

Četvernin, V. A.: Konstitucija Rossijskoj Federacii – problemnyi kommentarij (russ.: Verfassung der Russländischen Föderation – problemorientierte Kommentierungen). – Moskau: o. Vlg. 1997

Chlestov, O. N.: Meždunarodnoe pravo i Rossija (russ.: Internationales Recht und Russland), in: Moskovskij žurnal meždunarodnogo prava, 4/1994, S. 52-59

Chlestova, I. O.: Sootnošenie meždunarodnogo i vnutrigosudarstvennogo prava i Konstitucija Rossijskoj Federacii (russ.: Das Verhältnis von internationalem und innerstaatlichem Recht und die Verfassung der Russländischen Föderation), in: Žurnal rossijskogo prava, 2/1997, S. 20-25

Čubajs, Igor': Vortrag auf dem Symposion "Rossija i Evropa. Kto myi?" (russ.: Russland und Europa. Wer sind wir?), in: Vertretung der Europäischen Kommission in Russland (Hrsg.), Symposion zum Verhältnis zwischen Russland und der Europäischen Union "Rossija i Evropa. Kto myi?" (russ.: Russland und Europa. Wer sind wir?). – Moskau: NOK, 1998, S. 23-30

Danilenko, Gennady M.: Implementation of International Law in CIS States. Theory and Practice, in: EJIL, 10/1999, S. 51-69

Danilenko, G. M.: Kommentar zu Art. 15 VerfRF, in: Topornin, B.N., Hg.: Konstitucija Rossijskoj Federacii, Naučno-praktičeskij kommentarii (russ.: Die Verfassung der Russländischen Föderation, wissenschaftlich-praktischer Kommentar). – Moskau: Jurist", 1997

Danilenko, Gennady M.: Primenenie meždunarodnogo prava vo vnutrennej pravovoj sisteme Rossii: praktika Konstitucionnogo Suda (russ.: Die Anwendung internationalen Rechts im innerstaatlichen Rechtssystem Russlands: Praxis des Verfassungsgerichts), in: Gosudarstvo i pravo, 11/1995, S. 115-125

Danilenko, Gennady M.: The new Russian Constitution and International Law, in: The American Journal of International Law, 88. Jg., 1994, S. 451-470

Doehring, Karl: Völkerrecht. Ein Lehrbuch. – Heidelberg: Müller, 1999

Franz, Henrike: Die Hauptverhandlung im russischen Strafverfahren. Derzeitige Ausgestaltung und Reformüberlegungen. – Berlin: Verlag Dr. Köster, 2000

Geck, Wilhelm Karl: Das Bundesverfassungsgericht und die allgemeinen Regeln des Völkerrechts, in: Christian Starck, Hg.: Bundesverfassungsgericht und Grundgesetz, Festgabe aus Anlaß des 25jährigen Bestehens des Bundesverfassungerichts, Zweiter Band: Verfassungauslegung. – Tübingen: Mohr, 1976

Geiger, Rudolf/Khan, Daniel-Erasmus: Europarecht. Prüfe dein Wissen. – München: C.H. Beck, 1997

Geiger, Rudolf: Grundgesetz und Völkerrecht, 3. Aufl. – München: C.H. Beck, 2002

Geiger, Rudolf: Zur Lehre vom Völkergewohnheitsrecht in der Rechtsprechung des Bundesverfassungsgerichtes, in: AöR, 1978, S. 382-407

Giesecke, Bettina: Die auswärtige Gewalt in der Russischen Föderation und die Rolle des Völkerrechts in der russländischen Rechtsordnung. – Frankfurt am Main: Peter Lang, 2004

Hailbronner, Kay: Der Staat und der Einzelne als Völkerrechtssubjekte, in: Vitzthum, Wolfgang Graf, Hg.: Völkerrecht. Bearbeitet von Bothe, Michael / Hailbronner, Kay / Klein, Eckart / Kunig, Philip / Schröder,

Meinhard / Vitzthum, Wolfgang. – Berlin, New York: de Gruyter, 1997, S. 181-266

Hartwig, Matthias: Verfassungsgerichtsbarkeit in Rußland. Der dritte Anlauf, in: EuGRZ, 7-8/1996, S. 177-191

Hartwig, Matthias: Das Komitee für Verfassungsaufsicht der UdSSR: Geschichte, Strukturen, Kompetenzen und erste Gutachten, in: EuGRZ, 1-2/1991, S. 1-14

Heidenstecker-Menke, Karin: Die Bestandsgarantie völkerrechtlicher Verträge im österreichischen und deutschen Recht. Eine rechtsvergleichende Untersuchung. Veröffentlichungen des Instituts für Internationales Recht an der Universität Kiel. – Berlin: Duncker und Humblot, 1987

Hesse, Konrad: Grundzüge des Verfassungsrechts der Bundesrepublik Deutschland. 20. Aufl. – Heidelberg: Müller, 1995

Ipsen, Knut: Völkerrecht. Ein Studienbuch, 4. Aufl. – München: C.H. Beck, 1999

Jarass, Hans D., Kommentar zu Art. 25 Grundgesetz, in: Jarass, Hans D./Pieroth, Bodo: Grundgesetz für die Bundesrepublik Deutschland. Kommentar, 5. Aufl. – München: C.H. Beck, 2000

Jarass, Hans D., Kommentar zu Art. 59 Grundgesetz, in: Jarass, Hans D./Pieroth, Bodo: Grundgesetz für die Bundesrepublik Deutschland. Kommentar, 5. Aufl. – München: C.H. Beck, 2000

Kahl, Wolfgang: Das Grundrechtsverständnis der postsozialistischen Verfassungen Osteuropas. – Berlin: Duncker und Humblot, 1994

Klein, Eckart: An der Schwelle zur Wiedervereinigung Deutschlands, in: NJW, 44. Jg., 17/1990, S.1065-1073

Kühner, Rolf: Das Recht auf Zugang zu Gaststätten und das Verbot der Rassendiskriminierung, in: NJW, 39. Jg., 22/1986, S. 1397-1402

Kunig, Philip: Völkerrecht und staatliches Recht, in: Vitzthum, Wolfgang, Hg.: Völkerrecht, bearbeitet von Bothe, Michael / Hailbronner, Kay / Klein, Eckart / Kunig, Philip / Schröder, Meinhard / Vitzthum, Wolfgang. – Berlin, New York: de Gruyter, 1997, S. 101-179

Lazarev, L.V.: Kapitel 2, § 4 – Konstitucionnyj Sud i meždunarodnoe pravovoe prostranstvo (russ.: Das Verfassungsgericht und der Geltungsbereich des Völkerrechts) in: Krjažkov, V. A./Lazarev, L. V.: Konstitucionnaja justicija v Rossijskoj Federacii (russ.: Verfassungsgerichtsbarkeit in der Russländischen Föderation). – Moskau: BEK, 1998

Lukašuk, I. I.: Das neue russische Gesetz über internationale Verträge und das Völkerrecht, in: Osteuropa Recht, 43. Jg., 2-3/1997, S. 182-190

Lukašuk, I. I.: Primenenie norm meždunarodnogo prava v svete federal'nogo zakona o meždunarodnych dogovorach Rossii (russ.: Die Anwendung internationalen Rechts im Lichte des Bundesgesetzes über die internationalen Verträge Russlands), in: Rossijskij juridičeskij žurnal, 4/1996, S. 46-54

Lukašuk, Igor' Ivanovič: in: Morozova, L. A., Rossijskaja pravovaja sistema i meždunarodnoe pravo: sovremennye problemy vzaimodejstvija (russ.: Russländisches Rechtssystem und Völkerrecht: aktuelle Probleme der Wechselwirkung), in: Gosudarstvo i pravo, 3/1996, S. 24-26

Lukashuk, I.I.: Russia's Conception of International Law, in: Parker School Journal of East European Law, 2/1995, S. 1-27

Lukašuk, Igor' Ivanovič: Rußland als Rechtsnachfolger in völkerrechtliche Verträge der UdSSR, in: Osteuropa-Recht, 4/1993, S. 235-245

Malinin, S. A.: Operation of Rules of International Law in the Territory of Russia under the 1993 Constitution, in: Koskenniemi, M., Hg.: The Finnish Yearbook of International Law, 1999, S. 336-339

Maročkin, S. Ju.: Sootnošenie juridičeskoj sily norm meždunarodnogo i vnutrigosudarstvennogo prava v pravovoj sisteme Rossijskoj Federacii (russ.: Das Verhältnis der rechtlichen Geltung von internationalem und innerstaatlichem Recht im Rechtssystem der Russländischen Föderation), in: Rossijskij juridičeskij žurnal, 2/1997, S. 34-52

Maunz, Theodor: Kommentierung zu Art. 25, in: Maunz, Theodor/Dürig, Günter: Grundgesetz. Kommentar. Band II: Art. 12a - 37. – München: C.H. Beck, Mai 1994

Nešataeva, T. N.: Arbitražnye sudy i nekotorye voprosy primenenija meždunarodnogo prava v Rossijskoj Federacii (russ.: Die Wirtschaftsgerichte und einige Fragen der Anwendung des Völkerrechts in der Russländischen Föderation), in: Russian Yearbook of International Law, 1998-99, S. 218-231

Nußberger, Angelika: Die Frage nach dem tertium comparationis. Zu den Schwierigkeiten einer rechtsvergleichenden Analyse des russischen Rechts, in: Recht in Ost und West, 3/1998, S. 81-88

Nußberger, Angelika: Die Entwicklung des russischen Rechts im Zeichen von Rechts- und Sozialstaatsprinzip, in: Jahrbuch des Öffentlichen Rechts der Gegenwart, Neue Folge, 1998, S. 105-122

Nußberger, Angelika: Die Bedeutung internationaler Normen in den Gutachten und Entscheidungen des sowjetischen Komitees für Verfassungsaufsicht und des russischen Verfassungsgerichts zum Arbeits- und Sozialrecht, in: Zeitschrift für ausländisches und internationales Arbeits- und Sozialrecht, 8. Jg., 1994, S. 36-48

Oksamytnyj, V.V./Rachmanina, T.N.: Kommentrierungen zur Art. 15 VerfRF, in: Okun'kov, L. A., Hg.: Kommentarij k Konstitucii Rossijskoj Federacii (russ.: Kommentar zur Verfassung der Russländischen Föderation) 2. Aufl. – Moskau: BEK 1996, S. 58-63

Ossenbühl, Fritz: § 62: Vorrang und Vorbehalt des Gesetzes, in: Isensee, Josef/Kirchhof, Paul, Hgg.: Handbuch des Staatsrechts, Band III. Das Handeln des Staates. – Heidelberg: Müller, 1988

Papadimitriu, Georgios: Die Stellung der allgemeinen Regeln des Völkerrechts im innerstaatlichen Recht. Eine rechtsdogmatische und rechtsvergleichende Untersuchung zur Stellung der allgemeinen Regeln des Völkerrechts im innerstaatlichen Recht unter Berücksichtigung der Rechtsordnungen Belgiens, der Bundesrepublik Deutschland und Griechenlands. Schriften zum Völkerrecht, Bd. 25. – Berlin: 1972

Polenina, S. V.: in: Morozova, L. A., Rossijskaja pravovaja sistema i meždunarodnoe pravo: sovremennye problemy vzaimodejstvija (russ.: Russländisches Rechtssystem und Völkerrecht: aktuelle Probleme der Wechselwirkung), in: Gosudarstvo i pravo, 2/1996, S. 4-6

Rauschnig, Dietrich: Deutschlands aktuelle Verfassungslage, in: DVBl, 105. Jg., 8/1990, S. 393-404

Rauschnig, Dietrich: Die Beendigung der Nachkriegszeit mit dem Vertrag über die abschließende Regelung in Bezug auf Deutschland, in: DVBl, 105. Jg., 23/1990, S. 1275-1285

Rojahn, Ondolf: Kommentierung zu Art. 25 GG, in: Münch, Ingo von: Grundgesetz-Kommentar, Band 2 (Art. 21 bis Art. 69), 3. Aufl. – München: C.H. Beck, 1995

Rojahn, Ondolf: Kommentierung zu Art. 59 GG, in: Münch, Ingo von: Grundgesetz-Kommentar, Band 2 (Art. 21 bis Art. 69), 3. Aufl. – München: C.H. Beck, 1995

Russländische Föderation: Contribution of the delegation of the Federation of Russia, in: Council of Europe, Hg.: The judge and international law. Multilateral meeting, Bucharest, 28-30 November 1995. – Strasbourg: Council of Europe Publishing, September 1998, S. 55-59

Schroeder, Friedrich-Christian: Probleme der Gesetzgebung in Rußland, in: Schroeder, Friedrich-Christian, Hg.: Die neuen Kodifikationen in Rußland. 2. Aufl. – Berlin: Berlin-Verlag Spitz, 1997

Schroeder, Friedrich-Christian: 74 Jahre Sowjetrecht. – München: C.H. Beck, 1992

Schröder, Meinhard: Verantwortlichkeit, Völkerstrafrecht, Streitbeilegung und Sanktionen, in: Vitzthum, Wolfgang (Hrsg.), Völkerrecht, bearbeitet von Bothe, Michael / Hailbronner, Kay / Klein, Eckart / Kunig, Philip / Schröder, Meinhard / Vitzthum, Wolfgang. – Berlin, New York: de Gruyter, 1997, S. 525-580

Schröder, Tim: Völkerrecht als Prüfungsmaßstab?, Zur Bedeutung des Völkerrechts in der Rechtsprechung des russischen Verfassungsgerichtes seit 1995, in: Kieler Ostrechts-Notizen, 2. Jg., 2/1999, S. 22-24

Schweisfurth, Theodor: Der Start der Verfassungsgerichtsbarkeit in Rußland, in: EuGRZ, 13-14/1992, S. 281-297

Schweitzer, Michael: Staatsrecht III. Staatsrecht, Völkerrecht, Europarecht. 5. Aufl. – Heidelberg: C. F. Müller Juristischer Verlag, 1995

Schweitzer, Michael/Hummer, Waldemar: Europarecht. Das Recht der Europäischen Union – Das Recht der Europäischen Gemeinschaften (EGKS, EG, EAG). Mit Schwerpunkt EG, 5. Aufl. – Neuwied, Kriftel, Berlin: Luchterhand, 1996

Seidl-Hohenveldern, Ignaz/Stein, Torsten: Völkerrecht. 10. Aufl. – Köln, Berlin u.a.: Heymann, 2000

Silagi, Michael: Die allgemeinen Regeln des Völkerrechts als Bezugsgegenstand in Art. 25 GG und Art. 26 EMRK, in: EuGRZ, 7. Jg., 22-23/1980, S. 632-653

Solovev, V. N.: O nekotorych voprosach praktiki primenenija norm meždunarodnogo prava sudami Rossijskoj Federacii (russ.: Über einige Fragen zur praktischen Anwendung der Normen des Völkerrechts durch die Gerichte der Russländischen Föderation), in: Russian Yearbook of International Law, 1999, S. 267-279

Steinberger, Helmut: § 173: Allgemeine Regeln des Völkerrechts, in: Isensee, Josef/Kirchhof, Paul, Hgg.: Handbuch des Staatsrechts, Band VII: Normativität und Schutz der Verfassung – Internationale Beziehungen. – Heidelberg: Müller, 1992

Steinberger, Helmut: Entwicklungslinien in der deutschen Rechtsprechung des Bundesverfassungsgerichtes zu völkerrechtlichen Fragen, in: ZaöRV, 1988, S. 1-17

Stern, Klaus: Das Staatsrecht der Bundesrepublik Deutschland. Band I: Grundbegriffe und Grundlagen des Staatsrechts. Strukturprinzipien der Verfassung. 2. Aufl. – München: C.H. Beck, 1984

Streinz, Rudolf: Europarecht. 2. Aufl. – Heidelberg: Müller, 1995

Talalaev, A. N.: Dva voprosa meždunarodnogo prava v svjasi s Konstituciej RF (russ.: Zwei Fragen des Völkerrechts in Verbindung mit der Verfassung der Russländischen Föderation), in: Gosudarstvo i pravo, 3/1998, S. 64-70

Talalaev, A. N.: Sootnošenie meždunarodnogo i vnutrigosudarstvennogo prava i Konstitucija Rossijskoj Federacii (russ.: das Verhältnis von internationalem und innerstaatlichem Recht und die Verfassung der Russländischen Föderation), in: Moskovskij žurnal meždunarodnogo prava, 4/1994, S. 3-15

Tereškova, V. V.: Sudebnye aspekty neposredstvennogo primenenija meždunarodnogo prava (russ.: Aspekte der unmittelbaren Anwendung der Normen des Völkerrechts durch die Gerichte), in: Rossijskij juridičeskij žurnal, 2/1997, S. 53-58

Timmermann, Heinz: Rußland und die internationalen europäischen Strukturen: Widersprüche und Ambivalenzen russischer Identitätsfindung, in: Bundesinstitut für ostwissenschaftliche und internationale Studien, Hg.: Rußland in Europa? Innere Entwicklungen und internationale Beziehungen – heute. – Köln, Weimar, Wien: Böhlau, 2000, S. 199-213

Tiunov, O.: Rešenija Konstitutionnogo Suda RF i meždunarodnoe pravo (Entscheidungen des Verfassungsgerichts der Russländischen Föderation und Völkerrecht), in: Rossijskaja justicija, 10/2001, S. 14-16

Tiunov, O. I.: Konstitucionnyj Sud Rossijskoj Federacii i meždunarodnoe pravo (russ.: Das Verfassungsgericht der Russländischen Föderation und internationales Recht), in: Rossijskij ežegodnik meždunarodnogo prava 1995. – St. Petersburg: Rossija-Neva, 1996, S. 179-191

Tolstik, V. A.: Obščepriznanye prinzipy i normy meždunarodnogo prava v pravovoj sisteme Rossii (russ.: Allgemein anerkannte Prinzipien und Normen des Völkerrechts im Rechtssystem Russlands), in: Žurnal rossijskogo prava, 8/2000, S. 67-77

Tolstik, V. A.: in: Morozova, L. A., Rossijskaja pravovaja sistema i meždunarodnoe pravo: sovremennye problemy vzaimodejstvija (russ.: Russländisches Rechtssystem und Völkerrecht: aktuelle Probleme der Wechselwirkung), in: Gosudarstvo i pravo, 2/1996, S. 7-9

Tomuschat, Christian: § 172: Die Entscheidung für die internationale Offenheit, in: Isensee, Josef/Kirchhof, Paul, Hgg.: Handbuch des Staatsrechts, Band VII: Normativität und Schutz der Verfassung – Internationale Beziehungen. – Heidelberg: Müller, 1992

Tomuschat, Christian: Deutsche Rechtsprechung in völkerrechtlichen Fragen, Teil A: Allgemeines Friedensvölkerrecht, in: ZaöRV, 1968, S. 48-147

Tumanov, V. A.: zitiert nach Jung, Robert Luis, Vortragsveranstaltung der Juristischen Gesellschaft zu Berlin zum Thema: Rußländische Verfassung und Verfassungsgerichtsbarkeit, in: Juristische Rundschau, 2/2000, S. 55-56

Tumanov, V. A.: in: Morozova, L. A., Rossijskaja pravovaja sistema i meždunarodnoe pravo: sovremennye problemy vzaimodejstvija (russ.: Russländisches Rechtssystem und Völkerrecht: aktuelle Probleme der Wechselwirkung), in: Gosudarstvo i pravo, 2/1996, S. 3-4

Usenko, E. T.: Sootnošenie i vzaimodejstvie meždunarodnogo i nacionalnogo prava i Rossijskaja Konsitucija (russ.: Wechselbeziehung und Wechselwirkung von internationalem und nationalem Recht und die Verfassung der Russländischen Föderation), in: Moskovskij žurnal meždunarodnogo prava, 2/1995, S. 13-28

Verdross, Alfred: Die Quellen des universellen Völkerrechts. Eine Einführung. – Freiburg: Rombach, 1973

Verdross, Alfred: Völkerrecht. 5. Aufl. – Wien: Springer, 1964

Vereshchetin, Vladlen S.: New Constitutions and the old Problem of the Relationship between International Law and National Law, in: EJIL, 7/1996, S. 29-41

Vitruk, N.V., Kapitel 3, § 6 – inye (krome konstitucii) istočniki konstitucionnogo prava (russ.: Andere (außer der Verfassung) Quellen des Verfassungsrechts), in: Lazarev, V. V.: Konstitucionnoe pravo. učebnik (russ.: Verfassungsrecht, Lehrbuch). – Moskau: Jurist", 1997

Wenig, Roland: Die gesetzeskräftige Feststellung einer allgemeinen Regel des Völkerrechts durch das Bundesverfassungsgericht. Schriften zum Öffentlichen Recht, Bd. 158. – Berlin: Duncker und Humblot, 1971

Žilin, G.A.: Kommentarij Konstitucii Rossijskoj Federacii (russ.: Kommentierungen zur Verfassung der Russländischen Föderation). – Moskau: OMEGA-EL, 2000

Zimnenko, B. L.: Meždunarodnoe pravo i rossijskoe pravo: ich sootnošenie (russ.: Völkerrecht und russländisches Recht: ihr Verhältnis zueinander), in: Moskovskij žurnal meždunarodnogo prava, 3/2000, S. 162-168

Zimnenko, B. L.: Meždunarodnye dogovory v sudebnoj sisteme Rossijskoj Federacii (russ.[etwa]: Internationale Verträge in der Rechtsanwendung durch die Gerichte der Russländischen Föderation), in: Moskovskij žurnal meždunarodnogo prava, 2/1999, S. 104-121

Žujkov, V. M.: Kapitel 2 – Realizacija meždunarodnych norm o pravach i svobodach čeloveka i graždanina v Konstitucii Rossijskoj Federacii (russ.: Verwirklichung der internationalen Normen zu den Rechten und Freiheiten des Menschen und des Bürgers in der Verfassung der Russländischen Föderation), in: Alekseeva, Lidija Borisovna / Žujkov, Viktor Martenianovič / Lukašuk, Igor' Ivanovič: Meždunarodnye normy o pravach čeloveka i primenenie ich sudami Rossijskoj Federacii (russ.: Völkerrechtliche Menschenrechtsnormen und ihre Anwendung durch die Gerichte der Russländischen Föderation). – Moskau: Prava Čeloveka, 1996, S. 30-53

Zuleeg, Manfred: Kommentierung zu Art. 24 und 25 GG, in: Rudolf Wassermann, Hg.: Kommentar zum Grundgesetz für die Bundesrepublik Deutschland in zwei Bänden. Reihe Alternativkommentare, Band 1, Art. 1-37. 2. Aufl. – Neuwied, Frankfurt: Luchterhand, 1989

Zuleeg, Manfred: Neuere Literatur zum Europarecht: Innerstaatliche Anwendung, in: AöR, 1975, S. 291-319

Zuleeg, Manfred: Die innerstaatliche Anwendbarkeit völkerrechtlicher Verträge am Beispiel des GATT und der Europäischen Sozialcharta, in: ZaöRV, 1975, S. 341-363

Zweigert, Konrad/Kötz, Hein: Einführung in die Rechtsvergleichung, 3. Aufl. – Tübingen: Mohr, 1996

Anhang 1 Auszug aus dem deutschen Grundgesetz

Art. 20
[Staatsstrukturprinzipien; Widerstandsrecht]
...
3) Die Gesetzgebung ist an die verfassungsmäßige Ordnung, die vollziehende Gewalt und die Rechtsprechung sind an Gesetz und Recht gebunden.

Art. 25
[Völkerrecht und Bundesrecht]
Die allgemeinen Regeln des Völkerrechts sind Bestandteil des Bundesrechtes. Sie gehen den Gesetzen vor und erzeugen Rechte und Pflichten unmittelbar für die Bewohner des Bundesgebietes.

Art. 32
[Auswärtige Gewalt]
1) Die Pflege der Beziehungen zu auswärtigen Staaten ist Sache des Bundes.
2) Vor dem Abschlusse eines Vertrages, der die besonderen Verhältnisse eines Landes berührt, ist das Land rechtzeitig zu hören.
3) Soweit die Länder für die Gesetzgebung zuständig sind, können sie mit Zustimmung der Bundesregierung mit auswärtigen Staaten Verträge abschließen.

Art. 59
[Völkerrechtliche Vertretung des Bundes; Vertragsgesetz]
1) Der Bundespräsident vertritt den Bund völkerrechtlich. Er schließt im Namen des Bundes die Verträge mit auswärtigen Staaten. Er beglaubigt und empfängt die Gesandten.
2) Verträge, welche die politischen Beziehungen des Bundes regeln oder sich auf Gegenstände der Bundesgesetzgebung beziehen, bedürfen der Zustim-

mung oder der Mitwirkung des jeweils für die Bundesgesetzgebung zuständigen Körperschaften in der Form eines Bundesgesetzes. Für Verwaltungsabkommen gelten die Vorschriften über die Bundesverwaltung entsprechend.

Art. 79
[Änderung des Grundgesetzes]
1) Das Grundgesetz kann nur durch ein Gesetz geändert werden, das den Wortlaut des Grundgesetzes ausdrücklich ändert oder ergänzt. Bei völkerrechtlichen Verträgen, die eine Friedensregelung, die Vorbereitung einer Friedensregelung oder den Abbau einer besatzungsrechtlichen Ordnung zum Gegenstand haben oder der Verteidigung der Bundesrepublik zu dienen bestimmt sind, genügt zur Klarstellung, dass die Bestimmungen des Grundgesetzes dem Abschluss und dem Inkraftsetzen der Verträge nicht entgegenstehen, eine Ergänzung des Wortlautes des Grundgesetzes, die sich auf diese Klarstellung beschränkt.
2) Ein solches Gesetz bedarf der Zustimmung von zwei Dritteln der Mitglieder des Bundestages und zwei Dritteln der Stimmen des Bundesrates.

Art. 82
[Ausfertigung, Verkündung und Inkrafttreten von Gesetzen und (Rechts-) Verordnungen]
...
2) Jedes Gesetz und jede Rechtsverordnung soll den Tag des Inkrafttretens bestimmen. Fehlt eine solche Bestimmung, so treten sie mit dem vierzehnten Tage nach Ablauf des Tages in Kraft, an dem das Bundesgesetzblatt ausgegeben worden ist.

Art. 100
[Gerichtliche Vorlagen an das Bundesverfassungsgericht (Normenkontrollverfahren)]
...
2) Ist in einem Rechtsstreite zweifelhaft, ob eine Regel des Völkerrechtes Bestandteil des Bundesrechtes ist und ob sie inunmittelbar Rechte und Pflichten

für den Einzelnen erzeugt (Artikel 25), so hat das Gericht die Entscheidung des Bundesverfassungsgerichtes einzuholen.

Anhang 2 Auszug aus der Verfassung Russlands

Quelle: EuGRZ , 21. Jg., 19-20/1994, S. 519-533, Übersetzung von Thomas Oertner.

Art. 15
[Vorrang der Verfassung; Gesetzesbindung der Verwaltung]
1) Die Verfassung der Russischen Föderation hat rechtlichen Vorrang, unmittelbare Geltung und findet auf dem gesamten Gebiet der Russischen Föderation Anwendung. Gesetze und andere Rechtsakte, die in der Russischen Föderation verabschiedet werden, dürfen der Verfassung nicht widersprechen.
2) Die Organe der staatlichen Gewalt und der kommunalen Selbstverwaltung, Amtspersonen, Bürger und ihre Vereinigungen sind verpflichtet, die Verfassung der Russischen Föderation und die Gesetze zu achten.
3) Die Gesetze bedürfen der offiziellen Bekanntmachung. Nicht bekanntgemachte Gesetze werden nicht angewendet. Jegliche normativen Rechtsakte, die die Rechte, Freiheiten und Pflichten der Menschen und der Bürger berühren, dürfen ohne offizielle Bekanntmachung zur allgemeinen Kenntnisnahme nicht angewendet werden.
4) Die allgemein anerkannten Prinzipien und und Normen des Völkerrechts und die völkerrechtlichen Verträge der Russischen Föderation sind Bestandteile ihrer Rechtsordnung. Wenn ein völkerrechtlicher Vertrag der Russischen Föderation andere als im Gesetz enthaltenen Vorschriften vorsieht, werden die Vorschriften des völkerrechtlichen Vertrages angewendet.

Art. 17
[Grundrechtsgarantie]
1) In der Russischen Föderation werden die Rechte und Freiheiten des Menschen und des Bürgers in Übereinstimmung mit den allgemein anerkannten Prinzipien und und Normen des Völkerrechts sowie in Übereinstimmung mit dieser Verfassung anerkannt und garantiert.

2) Die Grundrechte und Freiheiten des Menschen sind unveräußerlich und stehen jedem von Geburt an zu.
3) Die Verwirklichung der Rechte und Freiheiten des Menschen und des Bürgers darf die Rechte und Freiheiten anderer Personen nicht beeinträchtigen.

Art. 56
[Ausnahmezustand]
1) Unter den Bedingungen des Ausnahmezustandes können zur Gewährleistung der Sicherheit der Bürger und zur Verteidigung der verfassungsmäßigen Ordnung in Übereinstimmung mit dem Föderationsverfassungsgesetz einzelne Beschränkungen der Rechte und Freiheiten unter Angabe ihrer Reichweite und Geltungsdauer festgesetzt werden.
2) Der Ausnahmezustand kann über das gesamte Territorium der Russischen Föderation oder einzelne Gebiete verhängt werden; die Bedingungen und das Verfahren hierzu regelt ein Föderationsverfassungsgesetz.

Art. 66
[Status der Subjekte der Föderation]
...
5) Der Status eines Subjekts der Russischen Föderation kann in Übereinstimmung mit einem Föderationsverfassungsgesetz bei gegenseitigem Einverständnis der Russischen Föderation und ihres Subjekts geändert werden.

Art. 67
[Territorium]
...
2) Die Russische Föderation verfügt in Übereinstimmung mit dem Föderationsgesetz sowie entsprechend den Normen des Völkerrechts auf dem Kontinentalschelf und in ihrem exklusiven Wirtschaftsraum über souveräne Rechte und übt die Rechtshoheit aus.

Art. 69
[Minderheitenrechte]
Die Russische Föderation garantiert die Rechte der Bevölkerungsminderheiten in Übereinstimmung mit den allgemein anerkannten Prinzipien und Normen des Völkerrechts und den völkerrechtlichen Verträgen der Russischen Föderation.

Art. 71
[Ausschließliche Kompetenzen der Föderation]
...
Buchst. j) die Außenpolitik und die internationalen Beziehungen der Russischen Föderation, völkerrechtliche Verträge der Russischen Föderation sowie die Fragen von Krieg und Frieden;

Art. 76
[Gesetzgebung]
1) Im Bereich der Kompetenzen der Russischen Föderation werden Föderationsverfassungsgesetze und Föderationsgesetze erlassen, die auf dem gesamten Territorium der Russischen Föderation unmittelbar gelten.
2) Im Bereich der gemeinsamen Kompetenzen der Russischen Föderation und ihrer Subjekte werden Föderationsgesetze und mit ihnen übereinstimmende Gesetze oder andere normative Rechtsakte der Subjekte der Russischen Föderation erlassen.

Art. 105
[Gesetzgebungsverfahren]
1) Föderationsgesetze werden von der Staatsduma verabschiedet.
2) Föderationsgesetze werden mit der Mehrheit der Stimmen der gesetzlichen Mitglieder der Staatsduma angenommen, sofern von der Verfassung der Russischen Föderation nichts anderes vorgesehen ist.
3) Die von der Staatsduma angenommenen Gesetze werden innerhalb von fünf Tagen dem Föderationsrat zur Erörterung vorgelegt.
4) Ein Föderationsgesetz gilt als vom Föderationsrat angenommen, wenn mehr als die Hälfte der gesetzlichen Mitglieder dieser Kammer dafür ge-

stimmt hat oder wenn das Gesetz innerhalb von 14 Tagen nicht erörtert wurde. Im Falle einer Ablehnung des Gesetzes durch den Föderationsrat können die Kammern eine Vermittlungskommission zur Lösung der Streitfragen bilden; danach wird das Gesetz der Staatsduma zu erneuter Erörterung zugeleitet.

5) Im Falle der Nichtübereinstimmung mit der Entscheidung des Föderationsrates gilt ein Föderationsgesetz dann als angenommen, wenn bei einer wiederholten Abstimmung nicht weniger als zwei Drittel der gesetzlichen Mitglieder der Staatsduma für das Gesetz gestimmt haben.

Art. 106

[Zustimmungsgesetze]

Der obligatorischen Erörterung im Föderatiosrat unterliegen von der Staatsduma verabschiedetet Gesetze über:

a) den Föderationshaushalt;

b) Föderationssteuern und -abgaben;

c) Finanz-, Währungs-, Kredit- und Zollregelungen, über Ausgabe von Geld;

d) die Ratifizierung und Kündigung völkerrechtlicher Verträge der Russischen Föderation;

e) Status und Schutz der Staatsgrenze der Russischen Föderation;

f) Krieg und Frieden.

Art. 125

[Verfassungsgericht]

...

2) Das Verfassungsgericht der Russischen Föderation entscheidet auf Antrag des Präsidenten der Russischen Föderation, des Föderationsrates, der Staatsduma, eines Fünftels der Mitglieder des Föderationsrates oder der Abgeordneten der Staatsduma, der Regierung der Russischen Föderation, des Obersten Gerichts der Russischen Föderation oder des Obersten Schiedsgerichts der Russischen Föderation, der gesetzgebenden oder exekutiven Organe der Staatsgewalt der Subjekte der Russischen Föderation über die Verfassungsmäßigkeit von:

a) Föderationsgesetzen, normativen Akten des Präsidenten der Russischen Föderation, des Föderationsrates, der Staatsduma und der Regierung der Russischen Föderation;
b) Verfassungen der Republiken, Satzungen und Gesetzen sowie anderen normativen Akten der Subjekte der Russischen Föderation, die zu Fragen erlassen wurden, die der Zuständigkeit der Organe der staatlichen Gewalt der Russischen Föderation oder der gemeinsamen Zuständigkeit der Organe der staatlichen Gewalt der Russischen Föderation und der Organe der staatlichen Gewalt ihrer Subjekte zugewiesen sind;
c) Verträgen zwischen den Organen der staatlichen Gewalt der Russischen Föderation und den Organen der staatlichen Gewalt ihrer Subjekte, Verträgen zwischen den Organen der staatlichen Gewalt einzelner Subjekte der Russischen Föderation;
d) noch nicht in Kraft getretenen völkerrechtlichen Verträgen der Russischen Föderation.

...

4) Das Verfassungsgericht prüft nach föderationsgesetzlich geregeltem Verfahren auf Beschwerde wegen Verletzung der verfassungsmäßigen Rechte und Freiheiten der Bürger und auf Antrag eines Gerichts die Verfassungsmäßigkeit eines Gesetzes, welches in einem konkreten Verfahren angewendet wurde oder zur Anwendung kommen soll.

...

6) Akte oder einzelne Bestimmungen, die für nicht verfassungsgemäß befunden wurden, treten außer Kraft; nicht verfassungsgemäße völkerrechtliche Verträge der Russischen Föderation treten nicht in Kraft und werden nicht angewendet.

Anhang 3 Auszug aus dem Gesetz über die internationalen Verträge Russlands

Quelle: International Law Materials, 34. Jg., 5/1995; translation copyright William E. Butler. Russische Version: Rossijskaja Gazeta vom 21. 07. 1995

Art. 2
[Use of Terms]
For the purposes of the present Federal Law:
(a) "international treaty of the Russian Federation" means an international agreement concluded by the Russian Federation with a foreign State(s) or with an international organization in written form and regulated by international law, irrespective of whether such an agreement is contained in one or in several related documents, and also irrespective of its specific name;
(b) "ratification", "confirmation", "adoption" and "accession" mean, depending upon the event, the form of expression of the consent of the Russian Federation to the bindingness of an international treaty upon it;
...

Art. 3
[International Treaties of the Russian Federation]
1) In accordance with the Constitution of the Russian Federation the conclusion, termination, and suspension of the operation of international treaties of the Russian Federation is within the jurisdiction of the Russian Federation.
2) International treaties of the Russian Federation shall be concluded with foreign States, and also with international organizations, in the name of the Russian Federation (inter-State treaties), in the name of the Government of the Russian Federation (intergovernmental treaties), and in the name of federal agencies of executive power (treaties of an interdepartmental charakter).

Art. 5
[International Treaties of the Russian Federation in the Legal System of the Russian Federation]

...

3) The provisions of officially published international treaties of the Russian Federation which do not require the publication of intra-State acts for application shall operate in the Russian Federation directly. Respective legal acts shall be adopted in order to effectuate other provisions of international treaties of the Russian Federation.

Art. 14
[Ratification of International Treaties of the Russian Federation]
In accordance with the Constitution of the Russian Federation the ratification of international treaties of the Russian Federation shall be effectuated in the form of a Federal Law.

Art. 15
[International Treaties of the Russian Federation Subject to Ratification]
1) International Treaties of the Russian Federation shall be subject to ratification:
(a) the performance of which requires changes of prevailing or the adoption of new federal laws, and also the establishing of other rules than those provided by a law;
(b) the subject of which is the basic rights and freedoms of man and citizen;
(c) concerning the territorial demarcation of the Russian Federation with other States, including treaties on the course of the State boundary of the Russian Federation, and also the demarcation of the exclusive economic zone and continental shelf of the Russian Federation;
(d) on the basic principles of inter-State relations, regarding questions affecting the defense capability of the Russian Federation, regarding questions of disarmament or international control over armaments, regarding questions of ensuring international peace and security, and also peace treaties and treaties on collective security;

(e) on the participation of the Russian Federation in inter-State unions, international organizations, and other inter-State associations, if such treaties provided for the transfer to them of effectuation of part of the powers of the Russian Federation or establish the legal bindingness of decisions of their organs for the Russian Federation.

2) International treaties of the Russian Federation likewise shall be subject to ratification when during the conclusion of which the parties have stipulated subsequent ratification.

Art. 18

[Signature of Instrument of Ratification]

On the basis of the Federal Law concerning the ratification of an international treaty of the Russian Federation, the instrument of ratification shall be signed by teh President of the Russian Federation, which shall be affixed with his seal and the signature of the Minister of Foreign Affairs of the Russian Federation.

Art. 19

[Exchange of Instruments of Ratification and Handing Over Instruments Concerning Ratification of International Treaties of the Russian Federation for Keeping Dispositaries]

The exchange of instruments of ratification and the handing over of instruments concerning ratification of international treaties of the Russian Federation for keeping by dispositaries shall be done, unless there is another arrangement, by the Ministry of Foreign Affairs of the Russian Federation or on his behalf by a diplomatic representation of the Russian Federation in the foreign State or by the representation of the Russian Federation attached to an international organization.

Art. 31

[Fulfilment of International Treaties of the Russian Federation]

...

2) The Russian Federation shall, before the entry into force for it of an international treaty, refrain from actions which would deprive the treaty of its ob-

ject and purposes, taking into account the respective norms of international law.

Dr. Andreas Umland (Ed.)

SOVIET AND POST-SOVIET POLITICS AND SOCIETY

ISSN 1614-3515

This book series makes available, to the academic community and general public, affordable English-, German- and Russian-language scholarly studies of various *empirical* aspects of the recent history and current affairs of the former Soviet bloc. The series features narrowly focused research on a variety of phenomena in Central and Eastern Europe as well as Central Asia and the Caucasus. It highlights, in particular, so far understudied aspects of late Tsarist, Soviet, and post-Soviet political, social, economic and cultural history from 1905 until today. Topics covered within this focus are, among others, political extremism, the history of ideas, religious affairs, higher education, and human rights protection. In addition, the series covers selected aspects of major issues in post-Soviet transitions such as economic crisis, foreign policy, and constitutional reform.

SOVIET AND POST-SOVIET POLITICS AND SOCIETY

Edited by Dr. Andreas Umland

ISSN 1614-3515

1 *Andreas Umland (Ed.)*
Воплощение Европейской конвенции по правам человека в России
Философские, юридические и эмпирические исследования
ISBN 3-89821-387-0

2 *Christian Wipperfürth*
Russland – ein vertrauenswürdiger Partner?
Grundlagen, Hintergründe und Vorgehen russischer Außenpolitik
ISBN 3-89821-401-X

3 *Manja Hussner*
Die Übernahme internationalen Rechts in die russische und deutsche Rechtsordnung
Eine vergleichende Analyse zur Völkerrechtsfreundlichkeit der Verfassungen der Russländischen Föderation und der Bundesrepublik Deutschland
ISBN 3-89821-438-9

FORTHCOMING (MANUSCRIPT WORKING TITLES)

Nicola Melloni
The Russian 1998 Financial Crisis and Its Aftermath
An Etherodox Perspective
ISBN 3-89821-407-9

Erik van Ree
On Whose Shoulders Did Stalin Stand?
ISBN 3-89821-410-9

Rebbecca Katz
The Republic of Georgia
Post-Soviet Media Representations of Politics and Corruption
ISBN 3-89821-413-3

Annette Freyberg-Inan
The Social Sciences in Romania
Research Conditions and the Role of International Support
ISBN 3-89821-416-8

Andrei P. Tsygankov, Pavel A.Tsygankov (Eds.)
New Directions in Russian International Studies
ISBN 3-89821-422-2

Laura Victoir
The Russian Land Estate Today
ISBN 3-89821-426-5

Matthew Tejada
The Unattainability of Closure
Bulgaria's Democratic Consolidation and the Kozloduy Nuclear Power Plant (KNPP)
ISBN 3-89821-439-7

Stephanie Solowyda
Biography of Semen Frank
ISBN 3-89821-457-5

***ibidem*-Verlag**
Melchiorstr. 15
D-70439 Stuttgart
info@ibidem-verlag.de
www.ibidem-verlag.de
www.edition-noema.de
www.autorenbetreuung.de

Zeitfracht Medien GmbH
Ferdinand-Jühlke-Straße 7
99095 Erfurt, Deutschland
produktsicherheit@kolibri360.de